改訂版

授業づくりと改善の視点

小と高とをつなぐ
新時代の中学校英語教育

髙橋 一幸 著
Takahashi Kazuyuki

教育出版

まえがき

　急速に進むグローバル化の中で，EU 諸国をはじめとして世界の多くの国々で外国語教育の改革が進められています。わが国でも，30 年におよぶ議論と試行実践の末に，小学校「外国語活動」の開始学年が 3 年生からに早期化され，5・6 年生では「外国語」が必修教科となりました。学校英語教育は「小・中・高を通じて一貫した学習到達目標を設定することにより，英語によるコミュニケーション能力を確実に養う」ことをめざす新時代に突入したのです。小学校を土台として，中学校も高校と同じく「授業は英語で進めることを基本」としコミュニケーション活動の質的な充実が求められ，高校では発表・討論・交渉など「言語活動の高度化」が目標とされています。小・中・高 10 年間を通した英語教育の中で，中学校英語は「扇の要」としての極めて重要な役割を担うことになります。

　本書『授業づくりと改善の視点』は「よりコミュニカティブな授業をめざして」の副題を付けて，2003 年 6 月に刊行しました。1998 年告示の学習指導要領が 2002 年度に実施された翌年のことでした。「ゆとり教育」と呼ばれたこの教育課程では，小学校 3 年生以上に「総合的な学習の時間」が新設され，その中で国際理解教育の一環としての小学校での「英語活動」の実施が可能になりました。中学校で英語の授業時数が週 3 時間（年間 105 時間）になったのもこの時です。PISA 学力調査で日本の順位が下がったこともあり，世間では「学力低下」が問題となり，学習指導要領実施とともに，文部科学大臣が記者会見で，「確かな学力の向上のための 2002 アピール『学びのすすめ』」を発表し，「学習指導要領は最低基準」という従来とは異なる新解釈を打ち出すといった混乱期でした。あれから歳月が流れ，その後さらに二度の学習指導要領の改訂を経て今日に至りました。中学校の英語は今や全学年週 4 時間（年間 140 時

間）と国語や数学も抜いて最大時数を有する教科となり，冒頭に述べたように，小学校と高校を橋渡す中核的役割を担うこととなったのです。

　このような時期に際して，この間の国内外の外国語教育界の動向や筆者の神奈川大学での教員養成の講義やゼミでの指導内容を踏まえて，本書も内容を大幅にアップデートし，念願であった『改訂版・授業づくりと改善の視点―小と高とをつなぐ新時代の中学校英語教育』を出版できる運びとなりました。当初の予定では，中学校の新教育課程開始前の2020年度中に出版を計画していましたが，新型コロナ感染症パンデミックのため，大学の授業も一年間のほぼすべてがオンライン遠隔授業になるなど，筆者の40年を超える教員生活の中でも最も多忙で苦難の年度となり改訂原稿執筆に取り組む時間的余裕もなく，刊行が半年以上遅れてしまいました。

　こういう状況の中でも，本書の刊行にあたって改訂版発行に向けて多大なご支援と激励をくださった教育出版（株）社長の伊東千尋氏と関西支社長の廣瀬智久氏，樋口忠彦先生ほかと共編著で出版した『Q&A 小学・中学・高校英語指導法事典』のシリーズ三部作に引き続き，さまざまな助言とていねいな編集の労を取ってくださった書籍部の阪口建吾氏と関西支社の舟本朝子氏に心より御礼を申し上げます。また，第4章の調査テストの統計処理に関して執筆に協力くださったゼミの卒業生で，現在神奈川大学で非常勤講師を務めている三浦篤史氏にもこの場を借りて御礼を申し上げます。

　本書が現職の先生方の授業改善への一助となり，英語教員をめざす学生諸君の未来への動機づけとなれば幸いです。

Online 花見の

2021 年 3 月

著者　髙橋　一幸

目　次

第 *1* 章

新時代の学校英語教育

1 小学校英語と中学校入門期生徒の英語学習動機

　コロナ禍に翻弄された 2020 年度（令和 2 年度）に小学校新教育課程が全面実施され，小学校英語の開始時期の早期化と教科化が始まりました。従来，5・6 年生で「領域」として週 1 時間（年間 35 時間）実施されていた「聞くこと」「話すこと」に慣れ親しませる「外国語活動」が 3・4 年生に下ろされ，5・6 年生では「教科」として「読むこと」「書くこと」の基礎も指導する週 2 時間の「外国語科」が新設されました。

　中学年の「外国語活動」は，教育課程上の位置づけでは「教科」でなく「領域」ですので，主たる教材としては教科書（教科用図書）ではなく文部科学省編集の共通教材『Let's Try! 1・2』を使用し，数値評価は行わず「所見」による評価が行われます。一方，高学年の「外国語」は，必修の「教科」として位置づけられたので民間出版社が編集した文部科学省検定済教科書が使用され，所見だけではなく「数値評価（評定）」も実施されます。

　以下の①〜⑥に簡潔に示すように，小学校への外国語（英語）学習の導入には 30 年来の長い議論と漸進の歴史がありますが，戦後の英語教育史の中で初めて小学校英語が教科として位置づけられ，学校英語教育の枠組みが，小・中・高の連続性の中で再構築されたのです。

小学校英語教科化までの経緯（概要）

① 1987 年（昭和 62 年）：横浜市立小学校に「国際理解教室」開設

市教委が独自に採用した英語圏以外も含む世界各地出身の外国人講師（IUI: International Understanding Instructor）を小学校に派遣し，学級担任との協同授業を実施。児童は1年次から6年次まで毎年異なる国や地域出身の6名の IUI と触れ合う。外国人講師の使用言語は英語で，日本と他国との文化・習慣の違いに気づかせることを目的とする。この制度は「外国語活動」「外国語科」とともに YICA（Yokohama International Communication Activities）の一部として現在も続いている。

② 1992～94年（平成4～6年）：小学校英語文部省第1次研究開発指定

大阪市立真田山小学校・味原小学校と高津中学校が「国際理解・英語学習」の初の研究開発校に指定。

③ 1993年（平成5年）外国語教育の改善に関する調査研究協力者会議報告

外国語教育の開始時期について，小学校での外国語教育について推進論・慎重論を併記。

（その後も，中央教育審議会や教育課程審議会などで，小学校英語の導入時期や教育課程上の位置づけについて議論と提言が繰り返され，以下の3度の学習指導要領改訂により今日に至る。）

④ 2001～2010年度（平成13～22年度）：「英語活動」

小学校3～6年生に新たな「領域」として設けられた「総合的な学習の時間」の中で「国際理解」に関する学習活動の一環として，児童が外国語に触れたり，外国の生活や文化に慣れ親しんだりするなど小学校段階にふさわしい体験的な学習を行えるようになった。（「英語活動」は「総合的な学習の時間」の中での必修ではなく，あくまで学校裁量の選択肢のひとつ。）導入当初は指導内容の基準もなかったが，2001年（平成13年）4月に小学校英語活動の理念と方法，指導内容，先行実践事例を紹介する文科省編のハンドブック『小学校英語活動実践の手引』（日英語版）が，また，2009年（平成21年）4月には共通の指導内容の基準としての年間35時間分の指導書付きの文科省編共通教材『英語ノート1・2』（B5判・オールカラー80ページ）が刊行された。

⑤ 2011～2019 年度（平成 23～31 年・令和元年度）：「**外国語活動**」
「総合的な学習の時間」から分離独立したひとつの「領域」として，小学校
5・6 年生で週 1 時間が必修化された。実施 2 年目の 2012 年（平成 24 年）4
月に，文科省編の共通教材『英語ノート』の改訂新版として，『Hi, friends!
1・2』が刊行された。

⑥ 2020 年度（令和 2 年度～）：「**外国語活動**」の早期化＋「**外国語**」の教科化
領域としての「外国語活動」を小学校 3・4 年生で週 1 時間を必修化，文科
省編共通教材『Let's Try! 1・2』を使用。5・6 年生では「外国語」を教科と
して週 2 時間必修化，民間出版社が編集した文科省検定済教科書を使用（7
社が参入）。

　公立小学校での外国語（英語）必修化は，わが国の学校英語教育にとって大
改革であり，とりわけ中学校英語教師にとっては，新入生の小学校での英語学
習体験を受け，それを生かしながら，文法指導も含めたより体系的で本格的な
中学校英語学習にいかに円滑に接続するか，そして「言語活動の高度化」をめ
ざす高校英語にいかに橋渡ししていくかが，今後の大きな課題となります。

　中学校教師は，中学校に入学して初めて英語学習を始めたかつてとは異なる
生徒たちを迎えることになります。中 1 入門期の指導は極めて重要で，例え
ば，英語学習はまずアルファベットから，最初に教える英語の歌は "The
ABC Song" といった旧来と同じ指導では，生徒たちの学習意欲を喚起するこ
とはできません。

　　　　　　　　　　〈英語科　入学時アンケート〉
　　　　　　　　　　　XX 年 4 月 XX 日（　）〔第 1 回授業時実施〕

　いよいよ，今日から英語の授業が始まります。そこで，次の質問に答えてく
ださい。このアンケートは 3 年間保存し，卒業時に返却します。
　　　　　　　　　＊＊＊＊＊＊＊＊＊＊＊＊＊

【Ⅰ】　あなたは，今，英語の授業（学習）に興味を持っていますか？

　　　　　　　　　　はい　　　　　　　　いいえ

【Ⅱ】　「はい」と答えた人はどうして興味があるのですか？　また，3年後にどのような英語の力がついていればいいなと思いますか？

【Ⅲ】　あなたが，今知っている英語を書いてください。カタカナで書いてもかまいません。

【Ⅳ】　英語の物語をテープで聞き，聞き取れたことがあれば書きましょう。
　　　　（3年後には，ほとんど聞き取れるようになっているはずです！）

　これは，筆者が中学校教師として勤務していたころ，新入生を迎えた第1時間目の授業の後半に実施していたアンケートの書式です。当時は公立小学校に英語の授業はまったく存在しない時代でした。現在とは状況が大きく異なりますが，小中学生の英語学習動機は根本的には変わりないものと思います。当時の中学新入生の回答を見てみましょう。

　初めて本格的に学ぶ英語の授業への新鮮な興味を抱いている生徒たちの100% 近くがアンケート項目【Ⅰ】で「はい」を選択してくれます。目を輝かせて教師を待っていてくれる新入生との初めての出会いは，中学校英語教師にとっての最も exciting な瞬間でした。【Ⅱ】では，生徒たちは子どもながらにもさまざまな夢やあこがれを綴ってくれます。表現は十人十色ですが，代表的なものとして，次のような記述が見られました。

S_1：人が外国人と英語で話しているのを見たり，聞いたりして，「あんなふうになれたらいいな」と思ったので，がんばって勉強してみたいです。

S_2：よその国の言葉がわかり，心を通じ合わせることができたら，とてもすばらしいと思います。卒業するころには，だいたいのことは話せて，一日英語だけで暮らせるようになりたいです。

　この生徒たちが，ともにあこがれ，授業に期待しているものは，まさしくコミュニケーションの手段としての英語技能の獲得であり，英語についての知識や理屈ではありません。S$_2$は，我々の言葉で言えば，「国際理解と交流・共生」のためのコミュニケーションを志向していると言えるでしょう。入門期における子どもたちのこのような純粋なあこがれと，そこから生まれてくる目の輝きを失わせることなく持続し，できることならば高めたい。これは英語教師の夢であり，かつ，責務でもあります。

　ここでのテーマからは多少それますが，アンケート項目【Ⅲ】，【Ⅳ】について補足しておきます。【Ⅲ】は，生徒の中学入学前の英語学習体験の有無を把握するための設問でした。生徒の書いていることを見れば，学習体験の有無を，また学習してきた場合にはその質を推測することが可能です。前述のとおり，小学校高学年で外国語（英語）が必修化された今日，小学校の英語学習で何を学び，どのような活動を体験し，「何ができて何はできないのか」を正しく把握しておくことが，今後は中学校英語教師にとって必須の要件となります。小学校英語での学習履歴と小中連携については，本章の**第5節**で詳しく取り上げます。

　【Ⅳ】は，中学3年生の教科書のReview Readingの "The Story of Helen Keller" を試聴させ，聞き取れたことをメモさせるという課題です。当時は，ほとんどの生徒が英語学習初体験で，「まったくわかりません」と答える生徒が大半でしたが，生徒たちにとってなじみの深い物語を取り上げると，「ヘレン・ケラーのお話だ」，「ミス・サリバン」，「ウォータ」など，固有名詞や単語レベルで部分的に聞き取れることがあります。およそできるはずのない課題を第1時間目にあえて与えるのですが，「卒業する頃には，この英語のストーリーを聞いて，ほぼ理解できるようになる」と言うことによって，学習への動機づけを行うこと（3年生3学期の最終授業で，本アンケートの返却時に同じ音声を聞かせて概要・要点をとらえるリスニング・テストを実施し，筆者のこの言葉の真偽を検証していました），そして，そうなるためには，どのように授業に参加し，学習すればよいか，学習方法の指導へと結びつけます。何事も

最初が肝心。到達すべきゴールを具体的に示し，そこへたどり着くための道筋
と頑張りどころを知らせるのが，「授業開き」でのまさしくオリエンテーショ
ンです。

2 新しい学力観

　外国語（英語）の学力とは何でしょうか。これは授業づくりに際しての根源
的な問いかけです。我々教師は学習指導案を作成して授業に臨みますが，この
学力観を個々の教師がどうとらえているかが，指導案の「本時の目標」に表れ
てきます。次に示すのは，一昔前のある指導案からの抜粋です。

○ **Aims of This Period**
1.　To familiarize the students（hereafter, Ss）with the passive voice
　　structure（be + p.p.）；
　　e.g., *English is spoken in many parts of the world.*
　　　　English is spoken by many people all over the world.
2.　To familiarize Ss with the following words and phrases;
　　i.e., *spoken, part(s), all over the world, ...*
3.　To have Ss understand the text containing the structure and
　　vocabulary listed above

　この指導案を作成した教員にとっての英語の学力とは，「文法と語彙，そし
て，それをもとに教科書本文を理解（多くの場合，和訳）できること。That's
all.（Is there anything else to teach my students?）」ということになります。
これからの英語教育，英語授業を考えていくうえで，果たしてこのような学力
観でよいのでしょうか。
　このような学力観を背景に運営される授業では，文法規則の理解と単語や文
章の暗記，そして生徒の理解度を確認する手段としてもっぱらテキストの英文
和訳が行われることになります。新しく学んだことによって，コミュニケー

ションとして「何ができるようになるのか」，テキストの題材に触れたことによって，「どのような発見や新たな視野の開拓につながるのか」といった要素が完全に欠落していると言えるでしょう。このような指導の結果，「英語は暗号解読と暗記の科目」という意識を生徒たちに植え付け，先の入学時アンケートの回答に見られたような生徒たちの夢やあこがれを早々に裏切り，学校の英語の授業は，自分たちの夢をかなえてくれるものとはおよそ異質なものであると感じさせ，英語嫌いや落ちこぼれ（落ちこぼし）を量産してきた，これが，従来の日本の学校英語教育ではなかったでしょうか。

　英語科に限らず，従来，日本の学校教育では，概して「学力＝知識の量」ととらえられ，多くの教科で教師主導型，知識偏重型の「詰め込み教育」が行われてきました。その結果，文部科学省の過去の「教育課程実施状況調査」でも次のような分析結果が現れています。

　　●「覚えることは得意。計算の技能や文章の読み取りの力などもよく身に付
　　　けているが，学習が受け身的で，自ら調べ判断し，自分なりの考えを持
　　　ち，それを表現する力が不十分。」

　また，EU 諸国，米国，カナダ，オーストラリア，日本，韓国など世界の先進 30 カ国が加盟する「経済協力開発機構（OECD）生徒の学習到達度調査（PISA）」では，日本は宿題や自分の勉強をする時間が参加国中最低というデータも出ています。（文科省 2002「新しい学習指導要領のねらいの実現に向けて」）

　このような分析と反省に立ち，1998 年（平成 10 年）告示，中学校では 2002年度（平成 14 年度）から実施された教育課程では，「学力」を単なる知識の量としてではなく，社会の変化に対応し主体的に生きていく力（いわゆる「生きる力」）と定義し，自ら学ぶ意欲や思考力，判断力，表現力などを重視した「新しい学力観」が提唱されました。「ゆとりの中で生きる力を育む」をスローガンに，「総合的な学習の時間」が新設され，各教科で指導内容の厳選が行われて中学校英語の授業時数が週 3 時間・年間 105 時間となったのがこの時です。いわゆる「ゆとり教育」と呼ばれた教育課程です。「総合的な学習の時間」など，フィンランドの教育改革の理念を取り入れたものですが，後に「学力低

下」を招いた元凶と批判を受けることになります。

　ちなみに，このゆとり教育時代の「英語週3時間体制」は，明治以降の学校英語教育の歴史の中で最も少ない授業時間でした。この当時，日本はバブル経済の絶頂期（国際経済戦争で連戦連勝）で『Japan as No.1』という書籍がベストセラーになり，「もはや欧米に学ぶものなし！」と豪語された時代でした。日本史を概観すると，日清・日露戦争など戦（いくさ）に勝つと「思い上がり」とも言える異常な自信を持ち，幕末から明治維新，太平洋戦争の敗戦，バブル経済の崩壊と中国や他国の世界経済での台頭（国際経済戦争での敗北）など戦に負けると，一挙に自信を喪失し，欧米一辺倒（教育では英語一辺倒）に傾きます。これは大谷（2004）の分析ですが，近世の歴史を振り返ると，わが国ではこの振り子の揺れ幅が極端に大きいと思います。我々は歴史から学ぶべきで，それを行うのが学校教育かもしれません。

　この後，中学校英語では，授業時数が9教科中最大の全学年週4時間・年間140時間となった2008年（平成20年）告示・2012年度（平成24年度）実施の学習指導要領を経て，2017年（平成29年）告示・2021年度（令和3年度）実施の学習指導要領へと移行します。

3　学習指導要領と新時代の英語教育展望

　以上のような「新しい学力観」に基づきながら，児童・生徒の学力伸長をめざして学習指導要領が改訂され，本章第1節で見た小学校英語の教科化を含む新教育課程が実施され，「小中高を通じてコミュニケーション能力を確実に育成」する新時代の学校英語教育がスタートを切りました。第2章以下の各論に入る前に，2021年度（令和3年度）実施の「中学校学習指導要領」第2章第9節「外国語」の改訂のポイントを整理し，新時代の英語教育の方向性を概観しておきましょう。

（1）学習指導要領改訂の基本方針

　改訂の基本方針として以下の6つが挙げられます。

① 「何ができるようになるか」…全教科共通して育成をめざす資質・能力を明示した。

② 「何を学ぶか」…教科等を学ぶ意義を示す各教科の「見方・考え方」を示すとともに，教科間・学校段階間のつながりを踏まえた教育課程を編成した。

③ 「どのように学ぶか」…「主体的・対話的で深い学び」としてアクティブ・ラーニングを推奨し，各教科等の指導計画の作成と実施，学習・指導の改善・充実を図った。

④ 「子ども一人ひとりの発達をどのように支援するか」…児童・生徒の発達を踏まえた指導についても言及した。

⑤ 「何が身に付いたか」…「資質・能力の三つの柱」に基づいた評価の新観点を設定し，学習評価の充実を図った。

⑥ 「実施するために何が必要か」…学習指導要領等の理念を実現するために必要な方策として，学校裁量の「カリキュラム・マネジメント」を推奨した。

2021年度実施の学習指導要領は，教師の指導法や生徒の学習法にまで具体的に踏み込んで記述しているため，従来の指導要領のおよそ3倍の分量になっています。

（2）「4技能」から「5領域」へ

　従来，学習指導要領では，言語活動は「聞くこと」「読むこと」「話すこと」「書くこと」のいわゆる言語の「4技能」について行うとされてきました。しかし，EU諸国の外国語教育の共通の指標として設定された「ヨーロッパ共通言語参照枠」（CEFR：Common European Framework of Reference for Languages）では，4技能のうち，Speakingが①spoken interactionと②spoken productionに二分されていることを受け，わが国の学習指導要領においても，「話すこと」を①［やり取り］と②［発表］に分けて「五つの領域」としたので

す（樋口監修・髙橋ほか編著 2019：124）。今後は，「4技能」よりも，「聞くこと」・「話すこと［やり取り］」・「話すこと［発表］」・「読むこと」・「書くこと」の「5領域」という用語がもっぱら使われることになるでしょう。

　また，CEFR の影響を受けて，学習到達目標を「～できる」という指標形式（CAN-DO）で具体的に活動化して示すことが推奨されてきたのは周知のとおりです。これを一覧にした「CAN-DO リスト」を作成して教師間はもとより生徒たちとも共有し，目標から逆算して授業計画を組み立てることが求められています。この「バックワード・デザイン（backward design）」による授業設計については，第5章で取り上げます。

(3)「資質・能力の三つの柱」

　新学習指導要領では，児童・生徒に育成すべき資質・能力として，

　　①「**知識及び技能**」
　　②「**思考力・判断力・表現力等**」
　　③「**学びに向かう力，人間性等**」

の3つを示し，次に示すように従来の指導要領に比べて目標をより詳細に示しています〔(*) は筆者が補筆〕。

　外国語によるコミュニケーションにおける見方・考え方を働かせ，外国語による聞くこと，読むこと，話すこと，書くことの言語活動を通して，簡単な情報や考えなどを理解したり表現したり伝え合ったりするコミュニケーションを図る資質・能力を次のとおり育成することを目指す。

① 外国語の音声や語彙，表現，文法，言語の働きなどを理解するとともに，これらの知識を，聞くこと，読むこと，話すこと，書くことによる実際のコミュニケーションにおいて活用できる技能を身に付けるようにする。

（＊**知識及び技能**）

② コミュニケーションを行う目的や場面，状況などに応じて，日常的な話題や社会的な話題について，外国語で簡単な情報や考えなどを理解したり，これ

らを活用して表現したり伝え合ったりすることができる力を養う。

（＊**思考力・判断力・表現力等**）

③ 外国語の背景にある文化に対する理解を深め，聞き手，読み手，話し手，書き手に配慮しながら，主体的に外国語を用いてコミュニケーションを図ろうとする態度を養う。　　　　　　　　　　（＊**学びに向かう力，人間性等**）

　学習指導要領の冒頭に掲げられた「目標」は，これからの英語教育のあり方を総括的に示す文言です。前文冒頭に登場する「見方・考え方」は，各教科の学びの意義を示す文言で，外国語科の場合は「**外国語によるコミュニケーションにおける見方・考え方**」として，「学習指導要領解説」に次のように記されています。

　外国語で表現し伝え合うため，外国語やその背景にある文化を，社会や世界，他者との関わりに着目して捉え，コミュニケーションを行う目的や場面，状況等に応じて，情報を整理しながら考えなどを形成し，再構築すること。

　「授業を通じて生徒に育成すべき①〜③の資質・能力」について見てみましょう。まず①では，英語を単なる知識として学ばせるのではなく，学習した知識を使って実際にコミュニケーションとして「何ができるのか」，知識を技能に結び付けて活用できることが求められています。現在分詞，動名詞，不定詞の名詞的用法などの文法用語を覚え，それを使って文法規則を日本語で説明することはできるが，実際のコミュニケーションの場面で英語を使えないようではダメだということです。

　②では，日常的な話題や，中学校では社会的な問題も含めて，まとまりある英語を聞いたり読んだりして，その要点や伝えようとする意図を理解したうえで，自ら思考し即ち自分の気持ちや意見などを英語で表現し伝達する力が求められています。英文を表面的に日本語に訳して終わり，脈絡のない和文英訳ができておしまいではダメだということです。

③では，言語の背景にある異文化を理解するとともに，コミュニケーションにおいては，メッセージを伝える相手にわかりやすく伝えるという「相手意識」をもってコミュニケーションを図ることを求めています。例えば，暗唱発表の際に，聞き手を意識することなく，忘れないうちにと一方的に早口で言い放ったのではメッセージが伝わらずコミュニケーションにはなりません。また，生徒の学び方については，従来の「積極的に」が「主体的に」コミュニケーションを図ろうとする態度という表現に改められています。主体的な学習態度とは，積極性に加えて自ら目標を立ててそれを粘り強く継続する計画性と，適宜立ち止まって自らの学習を振り返って評価し，必要に応じて軌道修正できる力の育成，つまり「自律的学習者」を育てる指導が求められているのです。

　この資質・能力の三つの柱を受けて，評価についても，「**知識・技能**」，「**思考・判断・表現**」，「**主体的に学習に取り組む態度**」の3つの観点に再整理されました。評価については，本章第4節で後ほど取り上げます。

(4)「主体的・対話的で深い学び」

　いわゆる「アクティブ・ラーニング」を推奨しているのですが，アクティブ・ラーニングは反転授業などさまざまなとらえ方を含むため，学習指導要領では，「**主体的・対話的で深い学び**」という表現を用いています。この「三つの学び」について「学習指導要領解説」では以下のように説明しています。

　① 学ぶことに興味や関心をもち，自己のキャリア形成の方向性と関連付けながら，見通しをもって粘り強く取組み，自らの学習活動を振り返って次につなげる「**主体的な学び**」が実現できているか。

　② 子供同士の協働，教職員や地域の人との対話，先哲の考え方を手掛かりに考えること等を通じ，自らの考えを広げ深める「**対話的な学び**」が実現できているか。

　③ 習得・活用・探究という学びの過程の中で，各教科等の特質に応じた「見方・考え方」を働かせながら，知識を相互に関連付けてより深く理解した

り，情報を精査して考えを形成したり，問題を見いだして解決策を考えたり，思いや考えを基に創造したりすることに向かう「**深い学び**」が実現できているか。

　次に示す三角形の図は，アメリカ国立訓練研究所（National Training Laboratories）の学習定着率の調査に基づく「**ラーニング・ピラミッド（Learning Pyramid）**」です。上4段は「受動的な学習」，下3段は「能動的な学習」で「アクティブ・ラーニング」により期待される学習定着率を示しています。数値には疑義もありますが，教師としての経験上おおむね納得できますので，参考までに掲載しておきます。この図から，ペアやグループでの対話を通した協働学習や，活動を伴う体験学習の重要性がわかります。

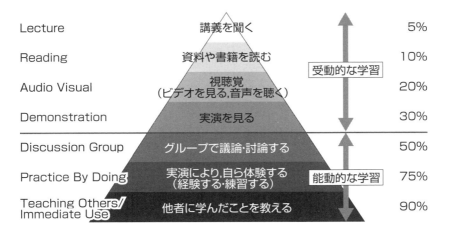

アクティブ・ラーニング（能動的学習）平均学習定着率
Learning Pyramid（ラーニング・ピラミッド）

Lecture	講義を聞く		5%
Reading	資料や書籍を読む	受動的な学習	10%
Audio Visual	視聴覚（ビデオを見る，音声を聴く）		20%
Demonstration	実演を見る		30%
Discussion Group	グループで議論・討論する		50%
Practice By Doing	実演により，自ら体験する（経験する・練習する）	能動的な学習	75%
Teaching Others/Immediate Use	他者に学んだことを教える		90%

　生徒たちを仲間との協働学習や活動に主体的に取り組ませるためには，学習を活性化する好ましい教室環境づくりが不可欠です。次に示すもうひとつの三角形の図をご覧ください。これは，米国の社会心理学者マズロー（Abraham Harold Maslow，1908～1970）が唱えた「**欲求5段階説**」を図に表したもので，

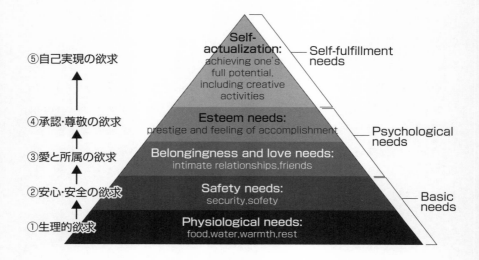

⑤自己実現の欲求

④承認・尊敬の欲求

③愛と所属の欲求

②安心・安全の欲求

①生理的欲求

成人が自己実現を成し遂げるためのステップを示しています。

　以下，佐野（2000）も引用しながら説明します。図の最上段にある「自己実現の欲求」が英語で自己を表現する意欲に当たるわけですが，その欲求が自然に生まれるためには，下の階層のニーズが満たされなければならないのです。

　一般に「マズローの三角形」と呼ばれるこの図は教員の授業づくりに多くの示唆を与えてくれます。授業は生徒理解の上に成立します。生徒を理解し，次のように下位の欲求から順に満足させる授業環境をつくることが大切です。

① **生理的欲求**（Physiological needs）

　これは生物としての第一次欲求です。教師は生徒の生理的な心地よさに留意する必要があります。教室の室温や通風などの物理的環境だけでなく，生徒の個人的な健康状態やトイレの許可，さらに授業中の学習や活動に変化を持たせ，生徒が心身ともに気持ちよく授業に取り組めるように工夫する必要があります。例えば，50分間黙って黒板に向かって座り，教師の説明を聞いているだけでは生徒は苦痛です。4技能のさまざまな学習活動や言語活動，一斉指導，グループ，ペア，個人活動など指導・活動形態のバリエーションなど，授業に変化を持たせ，リズム感と軽快なテンポのある授業を展開することで生徒

の「生理的欲求」を満たしてあげましょう。

② 安心・安全の欲求（Safety needs）

　これは予測可能で秩序だった安心・安全な状態を得ようとする欲求です。教師が威圧的な態度を取ると，生徒は恐怖や不安を感じ授業にのびのびと参加できません。また，あまりに正確な発音や文法を求めすぎると，生徒は誤りを恐れて委縮してしまい発表しようとする意欲を失います。逆に教師の権威が失墜して学級崩壊状態に陥ると生徒間にトラブルが生じ，「安心・安全の欲求」が脅かされます。教師の英語力不足も生徒に不信感を生みます。教師は英語力や指導力向上に励むとともに，教室では友好的なムードを作り出し，生徒一人ひとりのニーズに柔軟に対応しながらも「授業規律」を守るよう毅然と指導しなくてはなりません。そして，この欲求を満たす第一要件は，生徒全員が「参加できる授業」「わかる授業」を行うことに尽きます。

③ 愛と所属の欲求（Belongingness & love needs）

　良好な人間関係で仲間に受け入れられたいという欲求です。一人ひとりの生徒が教師や仲間と連帯意識を持ち，クラスは学習という協働作業に取り組む共同体で授業は教師と生徒たち全員で創り上げるものだという意識を育てることが重要です。また，教師は個々の生徒の人間としての価値に注目し，心を開いて一人ひとりの発言に耳を傾ける態度を持つことが求められます。教師が率先してそのモデルを示すことで，生徒の人間関係の基礎が定まります。また，ペアやグループ活動など協働学習（cooperative learning）も取り入れ，仲間と語り合い，学び合い，高め合える望ましい学習集団作りを心掛けます。これは学級担任の主たる仕事ですが，教科担任としても自分の指導する授業の中で，教科の特性も生かしながら指導していく責任があります。ホームルーム，部活動，委員会活動，いずれかの教科の授業，学校生活のどこかにひとつでもよいから生徒にとって心地よい居場所を作ってあげる，それが教師の責務です。

④ 承認・尊敬の欲求（Esteem needs）

　集団から自己の存在を認められ，尊重されることを望む欲求です。人は誰もが所属する集団の中で認められたいと望んでおり，生徒も教師や仲間に認めら

れ褒めてほしいと願っています。実体のない空虚な "Very good." の連発では意味がありません。褒める時は具体的に心から褒めてあげること。また，さまざまな個性・能力を持った生徒たちに活躍の場を与え，自分のよさを発揮できる授業を工夫しましょう。評価基準を明確にして，人との比較でなく自分の伸びを実感できる授業を行い，成功体験を味わわせてあげることが大切で，それにより自己有能感，自己肯定感を持たせ，主体的・積極的な学習態度を育成します。相対評価から絶対評価への変更，CAN-DO の明示などはこれに有効です。

⑤ **自己実現の欲求**（Self-actualization）

　自己の能力や可能性を最大限発揮して，自己の目標を実現したいという欲求です。英語の授業では，相手の話や聞いたり読んだりした内容を自分自身の体験や考えに関連づけて理解し，感想や考えを伝えたり，話し合ったりする「思考力・判断力・表現力」を育成し，「主体的・対話的で深い学び」を実現する授業をめざしましょう。生徒がこの「自己実現の欲求」を持つ（主体的・積極的にコミュニケーション活動に従事する）には，下の次元の４つの欲求が充足されていることが必須です。授業のあり方を自分なりに考えてみましょう！

　さて，話題を学習指導要領に戻し，「**資質・能力の三つの柱**」と「**主体的・対話的で深い学び**」を統合すれば，次のようにまとめることができます。

・何を知っているかだけではなく，それを使って何ができるのか？
　（生きて働く知識・技能の習得）
・知っていること，できることを，何のために，どう使うのか？
　（未知の状況にも対応できる思考力・判断力・表現力等の育成）
・どのように社会・世界と関わり，よりよい人生を送るか？
　（学びを人生や社会に生かそうとする学びに向かう力・人間性の涵養）

---

(5) Key Number「3」のルーツを探る

　資質・能力の「三つの柱」やアクティブ・ラーニングを実現する主体的・対

話的で深い「三つの学び」, 評価の「新三観点」など, 改訂版学習指導要領のキー・ナンバーは「3」。そのルーツを探れば学習指導要領の理念がより明確になり, 教育者として考えるべき課題も見えてきます。

OECD の「キーコンピテンシー」(key competencies) は PISA の学力調査の概念枠組みの基本となっている, ヨーロッパの

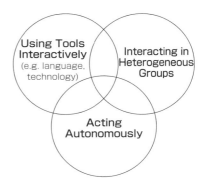

学校教育の基本となる教育概念です。元々は企業の人事採用の必要から, どのような能力を持った人を採用すれば会社のために貢献するばかりでなく本人も幸せな生活を送ることができるかという視点から, 求められる資質を「コンピテンシー」と名付けました。それは上図と次に示す「3つ」です。

3つのキーコンピテンシー (Key Competencies)

① Using Tools Interactively (言語や知識・情報, IT 機器などを相互作用的に使用する能力)
 1. The ability to use language, symbols and text interactively
 2. The ability to use knowledge and information interactively
 3. The ability to use technology interactively
→読解力, コミュニケーション能力, 数理能力, IT 活用能力, 批判的考察力, 探求力
② Interacting in Heterogeneous Groups (異質な集団の中で相互理解し協働できる能力)
 1. The ability to relate well to others
 2. The ability to cooperate
 3. The ability to manage and resolve conflicts
→ (異質な) 他者と良好な関係を築きながら協働し, 友好的・建設的に問題を解決する能力
③ Acting Autonomously (目標や見通しを持って自律的に行動できる能力)

1. The ability to act within the big picture
2. The ability to form and conduct life plans and personal objectives
3. The ability to assert rights, interests, limits and needs

→健全な自己イメージ（自己肯定感）を持ち，社会や自己の将来を展望し，自
己実現を図る能力

　　（OECD（2005）: The Definition and Selection of Key Competencies）

　この3つのキーコンピテンシーの目標は，欧州統合と民主的ヨーロッパ市民
の育成にあります。20世紀の二度の世界大戦はいずれもヨーロッパを起点と
して起こりました。キーコンピテンシーには，「ヨーロッパで二度と戦争を起
こさない」という決意が読み取れます。そのためには，異文化を尊重し言葉に
よるコミュニケーションで問題を解決し協働する能力の養成が必要であり，そ
れには教育こそ重要で，外国語教育はその要であるという認識があるのです。
EUの複文化主義（pluriculturalism），複言語主義（plurilingualism）は，こ
の理念から生まれたものだと言えます（髙橋2011）。

　前掲の「資質・能力の三つの柱」（p.10）と「3つのキーコンピテンシー」
を見比べてください。グローバル時代の日本国民の育成をめざして掲げられた
「資質・能力の三つの柱」のルーツは，欧州の「キーコンピテンシー」の中に
見出すことができそうです。

　わが国では，「外国語教育＝英語教育」，「グローバル国際社会の中で，英語
の運用能力は，国の経済発展と国家のプレゼンスを高めるために不可欠であ
る」といった文脈で語られることが多いですが，「教育は人間形成にあり」，一
人ひとりの人間の幸福が，ひいては地域や国の発展に，そして世界の平和につ
ながるものです。「キーコンピテンシー」の理念も踏まえて学習指導要領の
「三つの柱」をとらえ直せば，以下のようにまとめることができます。

①生きて働く言語知識とそれを使う技能の習得
②自分とは言語・文化も異なる人々とも協働できるよう，自らしっかり考え，

それを適切に表現できるコミュニケーション能力の育成

③ 将来，社会で幸せに生きるために，目標を設定し振り返りながら主体的に学
ぶ力の育成

　このように元祖「キーコンピテンシー」の理念もふまえて考えてくると，教
育としての意義と目標が見えてくるのではないでしょうか。

(6)「三つの柱」と「三つの学び」を生かした授業づくりと改善の指針

　学習指導要領のキーワードである「資質・能力の三つの柱」と「主体的・対
話的で深い学び」を両軸として，中・高の英語授業で教師として何ができる
か，何をすべきかを考えてみましょう。具体的には，これら2つの視点を縦軸
と横軸に取った次に示す brainstorming 用のマトリックス表の①〜⑨の空欄に
「何ができるか」「何をすべきか」を考えて書き入れてみましょう。

「資質能力の三つの柱」と「三つの学び」のマトリックス表
What can / should we do? Please think and fill in the "matrix" below.

アクティブ・ラーニング 三つの学び / 資質・能力の 三つの柱	主体的な学び	対話的な学び	深い学び
知識及び技能	①	④	⑦
思考力・判断力・表現力等	②	⑤	⑧
学びに向かう力，人間性等	③	⑥	⑨
（共通）	【指導・活動手順】　➡	➡	

　【ここで小休止】―私なりの考えは，本章の最終ページに掲載します。まず，
読者のみなさんご自身で考えてから p.41 を開き，比較・検討してみてくださ
い。

4　これからの評価のあり方

　学習指導要領が改訂されれば，その趣旨に照らして指導が変わる，指導が変わればその帰結としての評価のあり方も変わる，というのが理想であり建前です。これは，生徒指導要録の改訂となって具体的な形で現れてきます。まず，学校教育における評価について概観しておきましょう。

（1）3種類の評価－観点別学習状況・評定・所見

　指導要録に記載される評価には，「観点別学習状況」，「評定」，「所見」の3つがあります。それぞれの評価の要点を順に見ていきましょう。

① 観点別学習状況

　一般には，「観点別評価」と呼ばれているものです。これは，目標基準準拠（criterion-referenced）の評価で，設定された目標に個々の生徒が到達し得たか否かを，A（十分満足できる），B（おおむね満足できる），C（努力を要する）の3段階で「絶対評価」（absolute evaluation）します。例えば，小学校の体育の授業で「逆上がりができる」という目標を設定した場合，児童全員ができるようになれば，全員がAということになり得るわけです。S_1はS_2よりも上手だとか下手だとか，他と比較して評価するのではなく，あくまで目標に到達したかどうかで評価します。教師にとっては，指導するすべての生徒を目標に導き，全員にAをつけてあげることが理想となります。

　各教科で学習指導要領の総括目標（本章第3節（3），p. 10）に記された「資質・能力の三つの柱」を受けて，新たに「**知識・技能**」，「**思考・判断・表現**」，「**主体的に学習に取り組む態度**」の3つの観点が示されました。

　過去には，観点別学習状況，評定，所見の3者が同等の重要度をもって「並列」に扱われていましたが，1993年度（平成5年度）からは「観点別学習状況を基本とし，評定及び所見の欄を併用すること」と観点別学習状況が一躍トップに踊り出たのです。また，指導要録への記載の方法も，それまでは＋

（十分満足できる），空欄（おおむね満足できる），－（努力を要する）であった
のが，A，B，C に変更されました。「空欄」，すなわち，「何も書かないという
表記」がなくなったことにより，教師は必ず各観点の絶対評価を行い，その評
価を記載しなければならなくなったのです。

② 評　定

　評定は，かつては「集団基準準拠」（norm-referenced）の「相対評価」（rel-
ative evaluation）で，個々の生徒の成績が属する集団（学年）の中でどの位
置（序列）にあるのかを，他との比較において比率を決めて相対的に測る評価
法でした。通知票に毎学期記載される 5，4，3，2，1 がこれです。この評価
は，あくまでも当該の生徒が所属する集団（学校，学年）を基準とした評価で
すので，ある学校では英語は 5 だったが，転校した学校では 3 に下がるという
こともあるわけです。

　建前としては，「観点別学習状況を基準とする」とはいえ，高校入試におい
ては，この評定を 10 段階に換算しなおして調査書に記載される内申点が重要
視されてきたことは周知のとおりです。しかし，2002 年度（平成 14 年度）実
施の教育課程からは，**この「評定」も相対評価ではなく，「絶対評価で行う」**
ことになりました。集団の質に左右される相対評価による評定よりも，個々の
生徒が目標に到達できたかどうかという絶対評価による評定のほうが，生徒の
学習への動機づけの観点からも，また，仲間同士が助け合い伸ばし合おうとす
る望ましい集団づくりの観点からも，公教育としてより望ましい評価であると
言えるでしょう。しかし，絶対評価によって評定を行おうとすれば，そのよう
な評価を可能にする日々の授業の積み重ねとともに，**「評価規準」**（「ノリジュ
ン」：いわゆる到達目標のこと，何を評価するのかという質的な目標や課題）
と，**「評価基準」**（「モトジュン」：目標をどの程度達成できたのかという評価判
定の尺度）を持つことが必要になってきます。1 時間 1 時間の単位授業のスパ
ンを越えた，より長期的視点に立った到達目標の設定が必要となり，まさに，
授業設計の根本的な発想転換が求められることになります。この点について
は，第 5 章で検討します。

③ 所　見

所見は，「個人内基準準拠」（individual-referenced）の「形成的評価」（formative evaluation）により，文章で記述される評価で，一人ひとりの生徒の学習と習得状況を縦断的に観察し，その伸びを言葉でフィードバックします。文科省通達では，生徒のよい面を記述することになっています。

例えば，生徒 S_1 は，2学期当初は音読がぎこちなかったが，その後の練習や学習の成果として，英語らしいリズムで滑らかに音読できるようになったとすれば，それを生徒や保護者に伝えるべく言葉で記述します。

一人ひとりの生徒を形成評価するには，授業における生徒観察が不可欠であることは言うまでもありません。それを可能にするためには，教師主導の一斉授業だけではなく，グループ活動，ペア活動，個人による発表等，目的に応じてさまざまな学習形態・活動形態のバリエーションを授業過程の中に設定する必要があります。

（2）新3観点での評価への対応

① 4観点から3観点へ（樋口監修・髙橋ほか編著 2019：266）

「外国語（英語)」の従前の観点別学習状況の評価は，次の4つの観点で行われてきました。

> ① コミュニケーションへの関心・意欲・態度 …情意的目標
> ② 表現の能力 ┐
> 　　　　　　　├ …技能的目標
> ③ 理解の能力 ┘
> ④ 言語や文化につての知識・理解 …知識的目標

①は「関心・意欲・態度」という情意面に関する目標，②は「話すこと」と「書くこと」，③は「聞くこと」と「読むこと」の「技能」に関する目標，④は言語や文化についての「知識・理解」に関する目標で，これら4つの観点は明確に区別できます。したがって，定期試験で観点別に作問し出題することも可能でした。

改訂版学習指導要領では，小・中・高すべての教科に共通する「資質・能力

の三つの柱」（1. 知識及び技能，2. 思考力・判断力・表現力等，3. 学びに向かう力，人間性等）に基づき，評価の観点も全教科共通で以下の３つに再整理されました。

> ① **知識・技能**
> ② **思考・判断・表現**
> ③ **主体的に学習に取り組む態度**

　従前の４観点では別観点とされていた「知識」と「技能」が**観点①**に統合され，一体化して評価することになりました。これは，「何を知っているかだけでなく，それを使って何ができるのか」までを合わせて評価するという重要なポイントですが，「言うは易く行うは難し」です。**観点②**については，①の「知識・技能」があればこそ「思考・判断・表現」が可能になるわけで，両観点はオーバーラップしていると言えます。③の「主体的に学習に取り組む態度」は，①・②の学習がうまく進行しているかを振り返る視点を提供しているとも言え，新しい３つの観点は旧４観点のようにそれぞれを明確に区別できず，これらに基づく絶対評価は難しいことがわかります。

②「**3 観点**」**で何を評価するのか？**　(樋口・髙橋ほか *ibid.*: 266)

　それでは，３つの観点で，具体的には「何を」評価すればよいのでしょうか。

　観点①では，資質・能力 1. の「**知識及び技能**」について，英語の音声，語彙，表現，文法，言語の使用場面と働きなどを理解し知識を持っているか，さらに言語活動を通じて，その知識を実際のコミュニケーションで活用できる技能を身につけているかを評価します。例えば，中学生なら，三単現や受け身文・現在完了などの文法事項を学習した際に，その形（form）と意味（meaning），使い方（use, function）を正しく理解し，実際に使われる文を聞いたり読んだりしてその意味を理解できるか，さらに当該文法事項を使った言語活動でそれを正しく使って基本的な文を話したり書いたりすることができているか**（学習事項の理解と活用の能力＝英語使用の正確さ）**を評価します。

　観点②では，資質・能力 2. の「**思考力・判断力・表現力等**」について，**観点①**の知識を活用して，読んだり聞いたりして理解したことをもとに「自らの

体験」や「自ら考えたこと」を話したり書いたりして表現・伝達する力を評価します。例えば，教科書本文を聞いたり読んだりしたことをもとに，自ら思考・判断し，自分自身の考えを持つことができているか，また，それを英語で話したり書いたりして表現し，伝達する能力があるか（**自己の考えを持ち，それを英語で伝える総合的・創造的な運用能力＝目的・場面・状況に応じた伝達内容の質**）を評価します。小学校英語の教科化も踏まえれば，中学校では，クイズ・ゲーム的要素を加味した「ごっこ遊び」的な従来の内容の薄い言語活動では生徒の学習意欲を到底維持できないので，このような教科書本文を深化・発展させる言語活動の実施が課題となるでしょう。そして，このような中学校英語授業のレベルアップが，高校での discussion や negotiation も視野に入れた「言語活動の高度化」を可能にする真の素地づくりとなります。

　観点③では，資質・能力3.の「人間性」は観点別評価や評定にはなじまないので，「個人内評価」を行うこととされ，**観点①及び②**について，**「学びに向かう力」**として，「仲間と協力したり，自ら計画を立てたりして積極的かつ主体的に粘り強く学習に取り組み，自らの学習を調整しようとする態度」（生徒の学習プロセス）を長期的に見取って評価します。例えば，計画性，主体性，学習習慣，メタ認知といった自律的な学習能力，授業や活動への主体的参加，仲間との協働学習など（**自律的な学習態度と自己調整能力**）を評価します。「絶対評価」では一定期間の学習を経た最終到達度で評価し，そこに至る学習プロセスは評価しないのが原則ですが，これは現場教員には抵抗感が強いものでした。新3観点による評価では，授業での諸活動や協働学習，家庭での自主学習などに主体的に粘り強く取り組んだりする「学習に取り組む態度」（学習プロセス）も評価することになったのは，現場教師の感覚に合うものだと思います。

　これらを適切に評価するためには，「～を理解している，～できる，～しようとしている」など知識理解，技能，態度に関わる具体的な学習到達目標を指標形式（CAN-DO）で示し，英語科の教師間で共有するとともに，生徒たちにも知らせ，教師と生徒間でも目標や評価基準を共有していることが重要になります。

③ 新観点での評価の難しさ

先にも述べたように，「知識」と「技能」を分離して評価する従前の4観点と違って，互いにオーバーラップする新たな3観点で絶対評価するのは容易ではなく，現場での混乱が危惧されます。

文部科学省としての考え方もなかなか公表されませんでしたが，小学校での新課程の始まる 2020 年 3 月 27 日に国立教育政策研究所が，①「『指導と評価の一体化』のための学習評価に関する参考資料 – 小学校　外国語・外国語活動」，②「『指導と評価の一体化』のための学習評価に関する参考資料 – 中学校・外国語」として公開しました。小学校新教育課程開始の数日前，まさにギリギリの発表であったことが，新3観点での評価法を具体的に示すことがいかに難しい作業であったかを伺わせます。

資料②の pp. 33-34, pp. 38-43 などを見れば，指導案を書く際にこれら3観点の「評価規準」をどのように書けばよいのかが例示されています。例えば，「話すこと［やり取り］」の評価規準（②の p. 42）を見ると，

【思考・判断・表現】では，「外国の人に「行ってみたい」と思ってもらえるように（＝目的等），町や地域のことについて（＝話題），事実や自分の考え，気持ちなど（＝内容）を整理し，簡単な語句や文を用いて伝えたり，相手からの質問に答えたりしている。」とし，

【主体的に学習に取り組む態度】としては，「外国の人に「行ってみたい」と思ってもらえるように，町や地域のことについて，事実や自分の考え，気持ちなどを整理し，簡単な語句や文を用いて伝えたり，相手からの質問に答えたりしようとしている。」としています。（下線は筆者）

私自身の考えとしては，【思考・判断・表現】と【主体的に学習に取り組む態度】の評価規準の文末の表現を「〜している」から「〜しようとしている」に単純に置き換えるだけでよいのか？　機械的作業にすぎるという批判を受けた Audiolingual habit-formation theory に基づく Pattern Practice の Substitution drill ではあるまいし，このような機械的な表現の置き換えでは，多くの

教師は「何も考えずに機械的に表記」し，「異なる観点にこれまた機械的に同じ評価を与える」ようなことになれば，そもそも「別な観点」を設定して評価することの意味は失われます。「形式的なことば遊び」では実際の評価の際に役には立たず，指導案のスペースの無駄使い（＝単なる埋め草）に過ぎません。そういう「コピペ」のような形だけ取り繕った指導案が，今から目に浮かんでしまいます。

　この3つの観点そのものが元から互いにオーバーラップしているため，本質的に切り分けが難しいのですが，【主体的に学習に取り組む態度】としては，例えば上の「話すこと［やり取り］」の言語活動であれば，

> 　「おすすめの場所の魅力を伝える具体的な文字情報や視覚情報を自ら探し出したり考えて作成したりして，自分の身に付けた英語の語彙や表現を活用して，その魅力的な情報を相手に分かりやすく伝えようと工夫して取り組んでいる。」

など，「学習や活動への生徒の取り組みの観点から，見取るべき"生徒の望ましい姿"を具体的に記述する」ことが求められると思います。でないと評価には役立ちません。

④ **ルーブリックの活用**

　適切な「評価規準」を設定し「何ができればよいのか」という学習到達目標を示すことができれば，それをどの程度達成すればよいのかを測る尺度としての「**評価基準**」を決める必要があります。とりわけ，同一学年を複数の教師で担当する場合には，この基準が教師間でブレると公正な評価ができなくなってしまいます。これを防ぐために有効なのが「**ルーブリック**」（**rubric**）です。

　「ルーブリック」とは次ページの表のように，一般的には「観点」と「到達レベル」を縦軸と横軸にした，観点ごとに達成レベルがひと目でわかる評価基準表です（樋口監修・髙橋ほか編著 2019：274）。このルーブリックは，上記③で取り上げた「話すこと［やり取り］」の活動を，国立教育政策研究所（2002：資料②）の記述を基に，筆者が作成したものです。

ルーブリック例「外国人におすすめスポットを紹介しよう！」

観点	評価規準	評 価 基 準		
		A	B	C
知識・技能	助動詞 can や疑問詞 when を用いた文の構造を理解し，既習事項を活用して町や地域について事実や自分の考えなどを整理して伝えたり，ALT からの質問に答えたりすることができる。	おすすめの場所を適切な語彙や表現，文法を正しく用いて具体的に説明できており，かなり流暢に自然なやり取りができていた。ALT の質問にも概ね対応できた。	おすすめの場所を適切な語彙や表現，文法を概ね正しく用いて説明し，つまることもあったが最後まで話すことができた。ALT の質問のいくつかに答えることができた。	どの場所をすすめているのかはおよそわかるが，語彙や文法の誤りが多く，途中で止まってしまうことも何度かあった。ALT の質問にはほとんど答えられなかった。
思考・判断・表現	外国の人に「行ってみたい」と思ってもらえるように，町や地域のことについて，事実や自分の考え，気持ちなどを整理し，簡単な語句や文を用いて伝えたり，相手からの質問に答えたりしている。	おすすめスポットの場所や特色などを具体的に順序立ててまとめ，自分の経験や考えも付け加えてその魅力を伝えることができた。ALT は興味を持ち，行きたい気持ちになったようだ。	おすすめスポットの場所や特色などをある程度のまとまりをもって伝えることができたが，自分の経験や考えは十分に伝えることはできなかった。	おすすめスポットの場所や特色などをいくつか伝えることができたが，断片的でまとまりに欠けていた。自分の経験や考えは述べておらず，その場所の魅力を十分に伝えきれなかった。
主体的に学習に取り組む態度	おすすめの場所の魅力を伝える具体的な文字情報や視覚情報を自ら探し出したり考えて作成したりして，自分の身に付けた英語の語彙や表現を活用して，その魅力的な情報を相手にわかりやすく伝えようと工夫して取り組んでいる。	調べ学習や原稿づくりにほぼ独力で意欲的に取り組み，適切な発音で，自信をもって明瞭な声で，ALT とアイ・コンタクトを保ちながら，表情豊かに用意した資料も活用して積極的に話すことができた。	教師や仲間の助けも時々借りながら調べ学習や原稿づくりに取り組み，相手に届く声で話せたが，時々発音が不明瞭でわかりにくかったり原稿を見たりといった消極性が見られ，資料の活用が不十分であった。	調べ学習や原稿づくり，発表練習等への取り組みが十分ではなく，かなりの支援を要した。声が小さく発音の誤りもあり伝わりにくかった。アイ・コンタクトが不十分で資料の活用もできていなかった。

5　小と高をつなぐ「扇の要」としての中学校英語の重責

　本章第1節で述べたように，小学校英語が教科化されたことにより，わが国の学校英語教育は「小中高を通じてコミュニケーション能力を確実に養う」新時代を迎えました。小学校英語を生かすも殺すも，高校英語での「言語活動の高度化」の素地を作るのも中学校英語次第です。これからの中学校英語教育は，小と高とを橋渡す「扇の要」の重要な役割を果たすことになります。

(1) 小学校英語での学習履歴

　これからの中学校英語教師は，小学校「外国語活動」と「外国語科」で，生徒は何を学び，何ができるのか，一方，何はできないのか，新入生の学習履歴を知っておかねばなりません。以下，小学校で取り扱われている言語材料の中から「語彙」と「文や文構造」の2つを取り上げて概観しておきましょう。

① 語彙

　中学年の「外国語活動」と高学年の「外国語科」を合わせて，600〜700語の単語を学習します。高学年では，単語を書き写したり，音声で慣れ親しんだ文を声に出して読んだりしますが，多くの学校では，文字を目にするだけでフォニックス（Phonics）指導など英単語の綴りと発音の関係を体系的に指導したりはしていません。

② 文，および，文構造

　単文〔「SV」，「SVC」（動詞は be 動詞，補語は名詞か代名詞に限る），「SVO」（目的語は名詞か代名詞に限る）〕の肯定・否定の平叙文と命令文，疑問文（be 動詞や助動詞〔can, do〕及び疑問詞〔Who, What, When, Where, Why〕で始まる疑問文）を学習します。

　また，動名詞や動詞の過去形のうち次のような活用頻度の高い基本的なものを学習します。

　例．I like playing badminton. I'm good at playing the piano.

　　　I went to Okinawa. I saw the blue sea. It was beautiful. I enjoyed
　　　swimming. I ate ice cream. I had a very good time.

　動詞が want であるとき，目的語として名詞的扱いとなる to 不定詞を取る
文も扱われています。

　例．I want to go to Italy. I want to be a vet.

(2) 中学校英語　in Crisis !

　このように見てくると，これまで中学校で教えてきた語彙や文法事項のある
部分が小学校で既習になるのだ，と考える方もいるかもしれません。しかし，
これは大間違いです。「小学校・中学校学習指導要領解説　外国語編」には次
のように記されています。（下線は筆者。小中の記載をまとめ文章の一部改
変。）

　　小学校の外国語科においては，動名詞や過去形を文から取り出して指導する
　ことはしない。例えば，好きなものを伝えるときに，"I like playing tennis." と
　表現することを指導するが，playing tennis の部分に焦点をあてて，動名詞の使
　い方を理解させ，"Playing tennis is fun." などの異なる表現の中で活用するこ
　とを指導するわけではない。行ったことのある場所を伝えるときに，"I went
　to 〜." と表現することを指導するが，went の部分に焦点をあてて，go の過去
　形であることや，主語が三人称単数であっても-s にしないことなどの過去形の
　使い方を理解させるわけではない。動詞が want の場合，"I want to go to Ita-
　ly." や "I want to be a vet." など，名詞的扱いとなる to 不定詞を含む文を指導
　することがあるが，これも同様の扱いである。一方，中学校の外国語科におい
　ては，動名詞や過去形は「文法事項」として扱われ，使い方の理解を深めると
　同時に，別の場面や異なる表現の中で活用できるように指導することとしてい
　る。
　　また，小学校段階では，音声で十分に慣れ親しんだ語句や基本的な表現を書
　き写したり，例文を参考にして書いたりすることができるよう指導することと
　されているが，自分の力で書くことまでは指導していない。中学校の早い段階

で，こうした過去形や動名詞，to 不定詞など，小学校で学んだ表現も取り上げ，音声で十分慣れ親しんだこれらの文を読んだり書いたりできるようにしたり，その使い方の理解を深めたりしながら，別の場面や異なる表現の中で活用できるように指導することが重要である。

　語彙については，見慣れた単語は「形」として認識して覚えて発音できるものもありますが，文字を読めている，言い換えれば，文字を音声化できているわけではありません。聞いて意味がわかり，口に出して発音できる単語（オーラル・コミュニケーションに使える語彙）はかなりあるでしょうが，綴りを覚えて書けることは望めません。このような状況の中で，中学校で学習する語彙数は，従前の 1,200 語程度から 1,600〜1,800 語程度へと大幅増となりました。週 3 時間から 4 時間に授業時数が増えたときには，900 語程度だった語彙数が，900÷3×4 で 1,200 語程度に増えましたが，週 4 時間の授業時数が変わらぬ中での今回の大幅増は積算根拠が不明です。おそらく，中国や韓国に後れを取らないという政治判断だと思われます。「学習指導要領解説」で受容語彙と発表語彙を区別して指導せよ，とは述べていますが，その一方で，何を受容語彙に留め，何が発表語彙として必要かは生徒によって違うとも述べています。高校受験時には最大 700＋1,800＝2,500 語の語彙の定着が望まれることとなり，これらの語彙習得のための指導は中学校英語の責任範疇となります。

　文法についても同様で，小学校ではあくまで特定の場面での定型表現として慣れ親しんではいますが，他の場面で活用して新たな文を作り出す応用力は養われてはいません。過去形について言えば，活動を通じて運用練習を行い習熟するであろう動詞は，be 動詞では was，規則動詞では enjoyed のみ，不規則動詞では went, saw, ate ぐらいに限られ，規則動詞の語尾の-ed の発音や不規則動詞の変化のパタンなど，体系的な文法理解には至っていないことに注意が必要です。

　従って，「学習指導要領解説」にあるとおり，中学校で応用できるレベルまでの follow-up 指導が当然必要になりますが，中学校の授業時数は各学年週 4

時間（年間 140 時間）と変わらないにも関わらず，以下に示すように，「現在
完了進行形」や「仮定法の基本的なもの（仮定法過去）」などかなりの文法事
項や文構造が高校から下りてきました。（注釈と例文はすべて「中学校学習指
導要領解説」より転載。）

①「主語＋動詞＋間接目的語＋直接目的語」のうち，

　「主語＋動詞＋間接目的語＋that で始まる節/what などで始まる節」

　直接目的語に that で始まる節や what などで始まる節を置いたものである。
tell や show などの動詞を使った表現の幅を広げるため，今回の改訂で指導事
項に追加した。

　I'll show you（that）this is not true.

　My brother told me（that）he would come to the party.［間接話法］

　Can I tell her where you live?　Please teach me what I have to do now.
　［間接疑問］

②「主語＋動詞＋目的語＋補語」のうち，「主語＋動詞＋目的語＋原形不定詞」

　補語が原形不定詞の場合については，小学校において "Let's …" や "Let
me try!" といった表現に触れている実態があることを考慮し，今回の改訂で
指導事項に追加した。

　Will you let me try?　I helped my father wash the car.

③「主語＋be 動詞＋形容詞＋that で始まる節」

　glad や sure などの感情や心理を表す形容詞の後に that 節を続けたものであ
る。この文構造についてはこれまで中学校，高等学校いずれの学習指導要領に
も示していなかったが，中学校では改訂前においてすでにどの教科書でもこの
文構造を扱っていることを踏まえ，今回の改訂で指導事項に追加した。

　I'm glad（that）you liked it.

　I'm sure that many people will live with a robot in the future.

④「現在完了進行形」（present perfect progressive）

　現在完了進行形は，動作の「継続」を表す際，現在完了形より適切に表現で
きる場合があることを考慮し，今回の改訂で指導事項に追加した。

It has been raining since this morning.

Masashi and Yukio have been playing soccer for two hours.

⑤「仮定法のうち基本的なもの」…「仮定法過去」

　仮定法は，今回の改訂で追加した指導事項である。従来，言語活動におい
て，現実にはない仮定や想定を話したり書いたりする場面で，直説法の条件文
を用いて表現することが多かったが，今回の改訂で仮定法を追加することによ
り，正しい文法事項を用いて表現することができるようにした。例えば，本来
"If I had my own computer, I could get some information on the Internet."
と表現すべきところを，"If I have my own computer, I can get some infor-
mation on the Internet." と表現していたため，実際にコンピュータを持って
いなくて欲しいと思っているのか，それとも，持っているがどこかに忘れてき
たりして手元にないといった状況を表しているのかを正しく伝えることはでき
なかった。また，考えや気持ちを述べる場面でも仮定法を用いることで，表現
の広がりや深まりとともにより一層充実した言語活動を行うことが期待され
る。

If I were you, I would ask my best friend to help me.

If you had five million yen, what would you do?

I wish I knew my cat's feelings. She is always crying in the house.

I wish my mother didn't have too many things to do today. I want to go
shopping with her to buy her birthday present.

　中学は語彙数の大幅増とも相まって，「詰め込み教育」と言われた1960年〜
1970年代に迫るほど超過密になります。これは我が国の学校英語教育にとっ
て大問題です。「中がコケれば，小も高も皆コケル！」中学校英語がダメなら，
小学校英語も水の泡，高校英語での「言語活動の高度化」など夢のまた夢と
なってしまいます。小と高を橋渡す「扇の要」としての中学校教育の責任は重
大ですが，英語科については中学校へのシワ寄せがあまりにもキツすぎるの
が，今回の学習指導要領改訂の根本的問題だと思います。「中学校英語　in
Crisis！」筆者の偽らざる感想です。

(3) 教えるための文法理解―現在完了と現在完了進行形

　学習指導要領改訂に伴い，従来高等学校で取り扱っていた文構造や文法事項が中学校に下ろされたことを前項（2）で確認しました。その中でも，特に指導が難しいと筆者が考えるのが④の「現在完了進行形」です。実際，新教育課程開始早々の 2021 年 5 月の連休明けにゼミ卒業生で神奈川県下の小規模な公立中学校で，1 年生主担で 3 年生も教える英語教諭 T 君からのメールで，生徒から「現在完了形と現在完了進行形はどのように使い分けるの？」と質問されたが，即座には答えられず調べているのだが良い参考文献はないでしょうか，という相談を受けました。それもそのはず，現在完了進行形は，数年前に還暦を超えた筆者の私が中学生の時には習いましたが，私が中学校教師として奉職した翌年の 1981 年度に高校に移行されたため，「現在完了」と「現在完了進行形」の両方を指導した経験のある現役世代の中学校英語教師は，この時点では日本に一人もいなかったからです。

　現在完了進行形を指導するにあたっては，現在完了形と現在完了進行形の違いを理解する必要があります。単純現在完了形（present perfect simple：have/has ＋ 過去分詞）は，「継続」「経験」「完了」（「結果」）の 3 つないし 4 つの用法に分類されますが，現在完了進行形（present perfect progressive：have/has been ～ing）は，「継続」の意味のみを表します。

　同じ「継続」の意味を表すのに，なぜ 2 つの異なる言語形式の現在完了が必要なのでしょうか。生徒が疑問に思うのも当然です。

　―それは使用する動詞の種類とそれが表す意味の違いから来るのです。

① 動作動詞と状態動詞

　英語の動詞には「進行形になる動詞」と「進行形にならない動詞」の 2 つがあります。両者の違いを理解することで，単純現在完了の継続用法で使用する動詞と現在完了進行形で使用する動詞，および，単純現在完了形と現在完了進行形の表す「継続」の意味の違いを知ることができます。

　その 2 種類の動詞とは，「**動作動詞（dynamic verb）**」と「**状態動詞（sta-**

tive verb)」です。動作動詞とは，例えば walk, eat, play など文字通り動作を表す動詞です。一方，状態動詞とは，know, think, believe など進行形にしなくても，それ自体が状態や動作の継続を表す動詞です。通常は進行形にしない see, hear, feel, smell, taste などの「知覚動詞（perception verb）」も多くの場合，状態動詞として使用します。その他の主な状態動詞には，「好き嫌いや希望」などを表す like, love, hate, hope, want, wish，「思考や認識」を表す believe, imagine, know, think, understand, remember などがあります（江川 1991：203）。これらの状態動詞は，もともと「～している」というある状態の継続の意味を持っているため，わざわざ進行形に直す必要がない動詞（non-progressive verb）なのです。

　ただし，すべての動詞が「動作動詞」か「状態動詞」のいずれかのみで使われれば事は簡単なのですが，人間の言語はそんなに単純なものではありません。動詞の中には，ある時には「状態動詞」として，また別な場面では「動作動詞」として使われるものもあることが，生徒を（教える教師をも）混乱させる原因となります。例えば，基本的な動詞である have の場合も，次のように a）では状態動詞，b）では動作動詞として使われています。

　a）We *have* a CALL classroom on the third floor.

　　Our library *has* a lot of English books.

　b）I'*m having*（＝*eating*）lunch with Mary.

　　Tom *is having*（＝*taking*）a bath now.

　　We *are having*（＝*spending*）a wonderful time.

状態動詞の例として先に挙げた知覚動詞の smell は，通常，

　a）It *smells* good.（いいにおいがする。）

　　Can you *smell* burning?（なにか焦げ臭くない？）

などのように進行形にせずに使い，進行形の意味を敢えて表したい場合には助動詞 can とともに使います。しかし，次の b）の用例では，smell が現在進行形で「においを嗅ぐ」という意味の動作動詞として使われています。

　b）What are you doing?　—I'*m smelling* my shirt to see if I can wear it

for another day.（もう一日着られるかどうか，においを嗅いで確かめて
いるんだ。）（Swan, 1984：238）

　次は，知覚動詞 taste の例です。同様に a）では状態動詞，b）では動作動詞
として使われていることがわかるでしょう。

　a）This soup *tastes* very delicious. What's in it?

　　I can *taste* garlic and mint in it.（ガーリックとミントの味がする。）

　b）Stop eating the cake.

　　—I'*m just tasting* it to see if it's OK.（痛んでないか味見してるんだ。）

（Swan, *ibid.*：256）

② 単純現在形と現在進行形の表す「継続」の意味の違い

　さて，新たな文構造や文法事項を指導する際の鉄則は，関連する既習事項を
復習し，それと対比（contrast）して導入し，その意味と言語形式，使い方
（meaning, form, function）に気づかせることです（→第2章5（7）参照）。
中学校3年生で現在完了と現在完了進行形を指導するに際しては，まず，1年
生で学習済みで生徒たちが慣れ親しんでいる単純現在時制（simple present
tense）と現在進行形（present progressive）の対比から始めるのが効果的だ
と考えます。

　a）The castle *stands* on the hill.

　b）The man *is standing* at the corner.

　単純現在形で書かれた（a）は，「そのお城が丘の上に建っている」ことを表
しています。このお城が壊されない限り，お城は丘の上に建ち続けます。つま
り，（a）の stand は「永続的な状態（long-lasting permanent situation）」を表
す「状態動詞」として使われているのです。一方，現在進行形で書かれた（b）
は，「その男性は今交差点に立っている」という意味で，その男性がその交差
点に永続的に立ち続けているわけではありません。つまり，（b）の stand は「一
時的な動作や状態（temporary actions and situations）」を表す「動作動詞」
として使われているのです。これが単純現在形と現在進行形の表す「継続」の
意味の違いです。もうひとつ，次の例を生徒たちに比較させてみましょう。

c）She *lives* in Yokohama.

d）She *is living* in Emi's apartment in Yokohama right now.

　これらを日本語に訳すと,「彼女は横浜に（横浜にあるエミのアパートに）住んでいます」とどちらも横浜に居住していることを表しているのですが,上例（a）,（b）と同様に意味が異なってきます。（c）は（a）の castle の文と同様に単純現在形で表されていることから,live はこの動詞本来の一般的用法として状態動詞として使われ,「横浜に居を構えている」という「永続的な状態」を表しています。一方,（d）は,通常は進行形にしない live を敢えて進行形にして動作動詞として用いることで「一時的な動作や状態」を表しているのです。例えば,自分の下宿を探している大学新入生の彼女は,当面の間,横浜にある姉のエミのアパートに同居させてもらっているなど,「一時的な動作や状態」として live を使っているのです。

③ 単純現在完了形と現在完了進行形の表す「継続」の意味の違い

　単純現在完了形と現在完了進行形も同様の意味の違いを表します。上例（a）（b）,（c）（d）に記した状態動詞の持つ永続的な意味と動作動詞の一時的な意味は,継続用法の単純現在完了と現在完了進行形についてもパラレルです。

　"We prefer the present perfect progressive for more temporary actions and situations; when we talk about more permanent (long-lasting) situations, we prefer the present perfect simple."（Swan, *ibid.*：189）

　これを踏まえて次の例文で比較をすると,

e）For 900 years, the castle *has stood* on the hill above the village.

f）That man *has been standing* on the corner all day.

　（e）では,単純現在完了形で stand を「状態動詞」として使い,「そのお城は 900 年以上その村を見下ろす丘の上に建っている」という「永続的な状態」を表しています。一方（f）は現在完了進行形であることから,stand は「動作動詞」として使われており,「一時的な動作や状態」を表していることがわかります。つまり,この男性は交差点に一日中ずっと立ち続けてはいるが,それは一時的なことであって,これから先もずっと立ち続けるわけではありません。

　以上のような微妙な意味の違いを all English で中高生に理解させることには無理があるので，日本語で要点を押さえて簡潔明瞭に説明したうえで，二人の姉妹の絵を示しながら，次のように英語で現在完了進行形の口頭導入を行ってはどうでしょうか。

Yumi has passed the entrance exam of a university in Yokohama. She has become a university student! She has to find an apartment (to live in).

Her sister Emi lives in Yokohama. So she is living with her sister in her apartment now. <u>Yumi *has been living* in Emi's apartment for a month.</u>

　下線部の目標文の意味を推測させて確認し，口頭練習で定着（mim-mem）させた後に，先の（c）（d）に対応する次の例を板書し，日本語での生徒とのやり取りを通して気づきを引き出します。

g）My parents *have lived* in Yokohama all their lives.

h）She *has been living* in Emi's apartment for the last month.

　単純現在完了形の（g）の文では，live を「状態動詞」として使い，「両親は生まれてからずっと横浜に住んでいる」と「永続的な意味」を表しています。一方，現在完了進行形の（h）の文では，live を「動作動詞」として使い，「彼女はこの1か月間，エミのアパートに同居している」と「一時的な仮住まいの状態」を表しているのです。このように見てくると，中学校英語でよく出てくる次の英文の意味の違いもわかるでしょう。

i）Ken *has played tennis* for 10 years.

　（＝He *has been a tennis player* for 10 years.）

j）Ken *has been playing tennis* for these three hours! He looks tired.

（4）文法事項の口頭導入の工夫―仮定法過去

　単純現在完了と現在完了進行形の区別ほど難しくはないと思いますが，2021年度実施の中学校学習指導要領で高校から中学校に下ろされた大きな文法事項に（2）⑤の「仮定法過去」があります。仮定法過去は，1971年度（昭和46年度）までは，過去完了や分詞構文とともに基本的なものは中学校で教えるこ

とになっていました（久保野 2017）。それ以来 50 年ぶりの中学校カム・バック
となったのです。当然，これを教えたことのある現役世代の中学校英語教員
は，新課程実施段階ではいませんので，本章の最後に簡単に見ておくことにし
ましょう。

　新たな文構造や文法事項を指導する際の鉄則は，関連する既習事項を復習
し，それと対比（contrast）して導入し，その意味と言語形式，使い方（mean-
ing, form, function）を理解させること（→第 2 章 5（7））だと上記（3）の②
で述べました。仮定法（subjunctive mood）を指導するのに，関連する既習
事項といえば直接法（indicative mood）となります。具体的には，次の a）b）
を比較してみましょう（Swan, *ibid.*：124）。

　　a）If I *become* President, I *will* …（said by a candidate in an election）

　　b）If I *became* President, I *would* …（said by a schoolboy）

　a）は大統領選挙に出馬した候補者の公約であり，実現可能性のある直接法
での条件設定です。一方，b）は仮定法で，過去形を使うことで陳述内容への
話者の心理的距離間（psychological remoteness）を表しており，実現可能性
のない小学生の夢物語にすぎません。この例文などは，中学生にとっても理解
しやすいのではないでしょうか。

　これを念頭に置いて，直接法現在と仮定法過去をコントラストする次のよう
な導入はいかがでしょうか。これは筆者がゼミで指導している中学校英語教員
志望の大学院・修士課程 2 年生の A さんが考案し一緒に考えたアイデアです。
彼女の了解を得て掲載します。

T : New Year's Day is the biggest event in Japan, right? What kind of event
　　is it? What do you do?

S₁ : I eat *o-mochi.*

S₂ : I go to shrine.

T : I eat rice cakes and go to shrine to pray for good-luck of the year, too.
　　You are junior high school students. Do you get *otoshidama*?

Ss: Yes.

T : I want *otoshidama* too, but I'm too old to get it.

　　What will you do if you get *otoshidama*?

S₁: I will buy（a computer game）.

T : That's nice.　How about you, S₂?

S₂: I will save the money.

T : All of them?　You won't use it at all?

S₂: No.　I will not use it!

T : OK.　That's one of the ways to use the money.　①If S₁ *gets otoshidama*, he *will* buy a computer game. ②If S₂ *gets otoshidama*, she *will* save the money.　③<u>If I *got* a lot of *otoshidama*, I *would* buy a new computer.</u>　But I'm an adult, so I can't get *otoshidama*.　So, I will use my old computer for some time.

　①②の直接法の文と③の仮定法の文を mim-mem させた後に，これらの３文を板書してペアやグループで話し合わせ，言い方の違い（③の文では，動詞は get でなく got，助動詞は will でなく would という過去形が使われていること）に気づかせます。その後，なぜ③の先生の文だけ言い方が違うのかを考えさせ，「生徒はお年玉を実際にもらえるが，先生は大人なのでお年玉をもらえないから，現実とは違う空想の文である」ことに気づかせます。

　①〜③の文を板書し，③の仮定法の文について簡潔に説明を補足した後に次の言語活動に移ります。

T : Now let's imagine that there is one million dollars here.　By the way, how much is one million dollars?（数字を板書する。）Do you know?

S₃: 1 億円。

T : That's right.　One million dollars is equal to 1 億円.　To use that money, there are some rules.　Rule No. 1, you have to use it up today.　You have to use all the money today.　Today only! Rule No. 2, you have to use it for something.　You can't save it.　Rule No. 3, you have to use all the money at one time.（この後，自分ならどうするか，教師自身が紹介する。）

What *would you do* if you *had* one million dollars now? *Would you buy so many computer games with the one million dollars, S₁?*

S₁ : No.

T : What *would you do* if you *had* one million dollars?

S₁ : I *would buy* a big house.

T : Sounds nice. If you *had* one million dollars, you *would buy* a big house. Then, I *would visit* your big house. S₂, according to Rule No. 2, you have to use the money for something. You can't save the money, you know. What *would you do* if you *had* one million dollars?

S₂ : I *would* *travel* the world.

T : Wow. If you *had* one million dollars, you *would travel* around the world. That sounds wonderful!（生徒の誤りをリキャストして訂正。）

（全生徒に向かって）How about you? What *would you do* if you *had* one million dollars? OK. I'll give you one minute to think about it. Don't write in your notebook. Just think in your mind.

（1分経過後）OK. Ask each other in pairs. "What *would you do* if you *had* one million dollars?"

　活動後，何組かのペアに発表させて教師がコメントし，その後ノートに文を書かせて提出させます。面白い文は次時の授業でプリントにするなどして紹介します。

　本章では，中学校で新たに指導することとなった「現在完了進行形」と「仮定法過去」を例として取り上げましたが，教師として教えるには，英語の語法・文法理解が欠かせません。母語話者でない我々には，微妙な意味の違いは直感的にはわからないものですが，そこに外国語を学ぶ楽しさもあります。その一端を生徒たちに伝えたいものですね。

〈p. 19 を受けた「授業設計マトリックス私案」〉

「資質・能力の三つの柱」と「主体的・対話的で深い学び」を軸とした
中・高の授業設計と改善の指針

アクティブ・ラーニング 三つの学び／資質・能力の 三つの柱	主体的な学び	対話的な学び	深い学び
知識及び技能	・英語で進める授業 (TETE) ・生徒の「気づき」を促す導入や，やり取りを通した教科書の本文・題材理解 ・文脈のある自己表現活動や伝達活動	・T-S, S-S の「やり取り」を通した interactive な授業展開 ・英語で自己を語る教師の Teacher talk	・生徒による「気づきの言語化」 ・教材研究に基づく教科書題材の深化 ・教科書本文等の批判的な読み（Critical reading）
思考力・判断力・表現力等	・教科書本文との対話：解釈と意見構築 ・自らの体験や考えを伝え合う総合的・統合的・創造的言語活動	・本文を生徒の身近に引き寄せる導入・展開 ・ペアやグループでの協働学習 ・意欲を高める「発表」の場の提供	・生徒の思考を促す教師の発問と言語的・内容的 feedback ・各種モードでの補足資料の提供による言語活動の高度化（伝達内容の価値）
学びに向かう力，人間性等	・(中・長期〜短期) 目標の設定と振り返り ・自学帳のすすめ，ポートフォリオの活用（学びのセルフ・モニタリング） ・学び方を学ぶ	・(学び方や学ぶことの意義に関する) 仲間や教師との対話の場の設定 ・学び合い，認め合い，伸ばし合う相互評価	・外国語（英語）を学ぶ意義を考える ・言葉の豊かさ，言語への関心 ・異文化の理解と尊重，平和・人権・共生
（共　通）	【指導・活動手順】 Think ⟶	Pair/Group ⟶	Share ＋ T's feedback

42

第2章

授業設計の基礎・基本

1　学習指導の2つのアプローチ

　学習指導法には，大別すると「**演繹的アプローチ**」（deductive approach）と「**帰納的アプローチ**」（inductive approach）の方向性の異なる2つの方法があります。

　演繹的アプローチでは，まず，教師が規則や公式，意味などを説明して与え，生徒に十分理解させた後に，練習によってそれを定着させる手順を踏みます。一方，帰納的アプローチでは，教師は必要かつ良質なデータを与え，生徒に意味や規則を発見させるように導きます。したがって，両者はベクトルのまったく逆方向の指導ということになります。

　わかりやすい例として，小学校5年生の算数の授業で「三角形の面積の求め方」を指導する場合を考えてみましょう（樋口・髙橋ほか編著 2017：182）。

① ひとつのやり方として，まず教師が「底辺×高さ÷2」という三角形の面積を求める公式を教え，その後，その公式を使っていくつかの異なる三角形の面積を児童に求めさせ，正しく面積を求められたかを確認してあげる方法があります。まずルールを与え，練習によりその定着を図る「**演繹的アプローチ**」による指導です。

② 一方，既習の正方形や長方形の面積の求め方を復習した後に，次のような三角形が描かれた用紙を児童に与え，どのようにしてその面積を求められるかをペアやグループで考えさせることもできます。四角形の面積の求め方を復習して，それを「意識」した子どもたちは，この直角三角形の面積

はこの長方形の半分であることに気づくで
しょう。

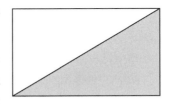

　さらに下のような三角形の面積も，頂点から
底辺に垂直に補助線を引くことに気づけば，上
の三角形と同じでこの長方形の半分であること
を理解するでしょう。

　このようにして，「底辺×高さ÷2」という三
角形の面積を求める公式を子どもたち自身に見

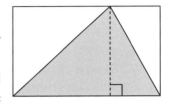

つけさせることができます。データを与え，自
分でルールを発見させる「**帰納的アプローチ**」
による指導です。小学校では，主体的な発見学
習である②の方法を取られる先生が多いようです。

　これら2つのアプローチを外国語の指導にあてはめて図示すれば，次のよう
になります。

> Understanding the meaning, function, & structural rules

① 演繹的（deductive）アプローチ　　② 帰納的（inductive）アプローチ

> Language exposure & language use

　教育において，どちらがよいと短絡的に決めることはできません。指導する
題材の質や教育目標，指導目的によって，教師がより有効なアプローチを選択
して指導する必要があります。大切なことは，「教え方はひとつではない」と
いうことです。「自分が教わったとおりに教えることから脱却すること」，これ
がプロの教師としてのスタート地点なのです。

　外国語の新しい表現や文法事項の導入では，学習者に意味（**meaning**）と**形**
（**form/structure** ［言語形式］）と**使い方**（**use/function** ［機能］：どんな場面

でどんなときに使えるのか）を教えることがポイントになります。昔ながらの
文法訳読式教授法は①の演繹的アプローチですが，英語で進める授業では，②
の帰納的アプローチが多く用いられます。

　外国語を習得するうえでは，その言語に多く触れ，学習者が自ら言葉の意味
を理解し，そのような意味を生成する文法規則を見つけ，それを身に付けてい
くことが大切です。また，「三つの柱」のひとつである「自ら思考，判断し，
表現する」という資質・能力の育成のためにも，筆者は英語授業においては，
原則として，帰納的アプローチを採るほうが有効であると考えています。以
下，本書では，この考え方に立った授業づくりを考察していくことにします。

2　レディネスを作る

　体育の授業で，授業の開始とともに，いきなり生徒に 100 m ダッシュをさ
せたり，プールに飛び込ませて泳がせたりする体育教師はいません。そんなこ
とをしようものなら，捻挫や骨折，最悪の場合は人命に関わる大きな事故につ
ながります。必ず，柔軟運動で筋肉や関節をほぐし，身体を温めるウォーム
アップを入念に行わせた後に，より激しい運動を行わせます。

　生徒全員が，次の学習や活動に無理なく入ることができ，所期の目標を達成
できる状態を作ることを「レディネス」（readiness）を作るといいます。これ
は，教科を問わず，「指導の鉄則」，「授業の鉄則」と言ってもよい授業づくり
の要諦です。授業における生徒の失敗や挫折の多くは，指導過程自体の中にこ
のレディネスを作る過程が欠落していたり，踏むべきステップが飛んでしまっ
ていたりするために生じることがほとんどで，指導計画それ自体に起因すると
言っても過言ではありません。したがって，「授業設計」とは，「各指導過程で
いかに次の学習や活動へのレディネスを作り，すべての生徒を目標に導く指導
手順をプログラムするか」ということになります。

　本章では，以上の1「帰納的アプローチ」，2「レディネス」を踏まえた授業
設計の基本的な枠組みと指導上の留意点を概観します。

3 50分の授業設計と指導案の基本モデル

　次に示すのは，学習指導案の基本的な書式のモデルです。帰納的アプローチによる指導では，50分の授業は，おおむね下記のⅨ. Teaching Procedure（指導過程）に示されるような手順を踏むのが一般的です。ただし，ここに示すのはあくまでもオーソドックスなひとつの展開例であって，設定する目標が変われば，それを効果的に達成する手順が変わってくるのは言うまでもありません。〔　〕内に示した，各過程への配当時間もひとつの目安に過ぎません。

Teaching Plan

Instructor: ○○　　○○

Ⅰ. Date: Tuesday, October 26, 2021

Ⅱ. Time: The 5th period（13:20～14:10）

Ⅲ. Class: The 2nd-year, Class 4（19 boys & 17 girls）

　　　　○○ Junior High School, Yokohama City, Kanagawa

Ⅳ. Text: △△ *English Course*. Book 2. Lesson 7 "○○○"（pp. 78-85）

Ⅴ. Aims of This Lesson:

　　1. To familiarize the students with（*a specific language material* ）

　　2. To encourage and enable Ss to（*do something using English* ）

　　3. To make Ss notice and deepen their understanding about（*the topic in the text*）

Ⅵ. Allotment of This Lesson:

　　5 periods, this being the 2nd

Ⅶ. Aims of This Period:

　　1.（*To select some from the aims mentioned above in V.*）

　　2.

　　3.

Ⅷ.　Teaching Aids: Videos, cut-out pictures, flashcards, task cards

Ⅸ.　Teaching Procedure:

　A.　Warm-up〔4 minutes〕

　　1）Greetings

　　2）Warm-up activity

　　　　（Singing a song, chants, tongue twisters, small talk, chat, etc.）

　B.　Review〔8 min.〕

　　1）

　　2）

　C.　Presentation & Practices of the New Language Materials〔18 min.〕

　　1）Oral presentation of today's target sentences

　　2）Explanation/Confirmation of the points

　　　　（i.e., Meanings, form and function of the target sentences）

　　3）Mim-mem（mimicry-memorization practice）

　　4）Manipulation Drills

　　　　（Pattern practices, chart drills, oral composition, etc.）

　　5）Communication activities/Self-expressing activities

　D.　Reading the Text〔18 min.〕

　　1）Oral introduction/oral interaction of today's part of the text

　　2）Check of understanding

　　　　（e.g. Questions & Answers, True or False quiz, etc.）

　　3）Pronunciation drill of the new words & phrases（with flashcards）

　　4）Listening to the CD（with the textbooks closed for comprehension
　　　　/with the textbooks open as a model）

　　5）［Further explanation of the text（when necessary）］

　　6）Reading aloud

　　　　ⅰ.　Chorus reading after the teacher

　　　　　　（Sense group → Whole sentence）

　　ⅱ．Read & look-up

　　ⅲ．Buzz reading

　　ⅴ．Individual Reading

　7）〔Text-related communication activity（when the text is suitable for
　　　it)〕（e.g. Skit playing, opinion-making & sharing, discussion, debate）

E.　Consolidation and Assignment of Homework〔2 min.〕

4　指導目標の設定と指導計画の立案

　指導案の項目Ⅰ．～Ⅳ．には，いつ，どのクラスを対象にどの教科書のどの課（Lesson/Unit）を指導するのかという授業環境を記述します。これは，機械的に記述できる部分ですが，Ⅴ．以降はそうはいきません。（日本語の学習指導案では，Ⅲ．Class の部分に，指導する対象クラス生徒の学習・行動特性や学級集団の特色を，指導者の「学級観」として記述することもあります。）

　Ⅴ．Aims of This Lesson（本課の目標）には，当該の課全体の指導目標を掲げます。ここで，どのような目標を設定するのかが，その課の指導プログラム全体を決定づける第一に重要な要素となります。ここでは，学習する言語材料や題材との関わりから，第1章で述べた観点別学習状況の3つの評価観点も意識しながら達成可能な具体的な目標を設定します。（日本語の指導案では，目標設定にあたって，指導者の題材観・教材観を「題材設定の理由/活動設定の視点」などとして記載することもよく行われています。）

　Ⅵ．Allotment of This Lesson（本課の時間配当）では，Ⅴ．に掲げた全体目標を達成するのに，どれだけの授業時数を確保するのかを書きます。上記の指導案では，5 periods, this being the 2nd（全5時間配当，本時はその第2時間目）という略式表記の例を示しましたが，授業研究のための公開授業などの場合には，どのような指導が行われて本時の授業があるのか，また，本時の授業を受けて，次時以降の授業はどのように展開されて収束するのか，といった一連の指導の流れに参加者の関心が寄せられることがあります。したがって，

次に示すように，配当された各時間の主な内容を記述し，当該の課や単元の指
導計画の概要を示すこともあります。

　中学第1学年2学期の一般動詞「三単現」を扱った授業の「本課の目標」
と，より詳細に記述した「時間配当」例をご覧ください。

Ⅴ．Aims of This Lesson:

> 1) To familiarize the students (hereafter, Ss) with the forms of ordi-
>   nary verbs for the 3rd person singular, also with the use of "does" in
>   interrogative and negative sentences
> 2) To enable Ss to introduce their friends and teachers in English
> 3) To have Ss know about the email friends of the textbook characters,
>   Jane, Ken and Yumi, through listening to and reading the text

Ⅵ．Allotment of This Lesson: 5 periods, this being the 1st

1	【This period】 for the aims and procedure of this period, see Ⅶ and Ⅸ)
2	〔Team Teaching〕To give all Ss opportunity to introduce their partner in front of the class followed by T-S/S-S interaction
3	① To introduce the text through oral interaction about Ss' own experiences of corresponding or email exchange ③ To listen to the text and take notes about the email friends of the three characters
4	① To have Q & A's according to the notes taken by Ss in the previous period ② To have intensive reading aloud practices of the text
5	To have overall review of the whole lesson and a written test, to have "Skit-playing Show" in groups

　当該のレッスン全体の指導・到達目標，及び時間配当が決まれば，その一連
の指導の枠組みの中で「本時の指導目標」を設定します。これが，Ⅶ．Aims
of This Period（本時の目標）です。

　次に抜粋したのは，上の中学1年生・2学期の「三単現」を扱った授業の第
1時間目の「本時の目標」です。

Ⅶ. Aims of This Period:

1）To review the use of ordinary verbs through oral interaction, also to make Ss notice that the suffix "-s" or "-es" is added to the verbs, the auxiliary verb "does" is used in place of "do" in interrogative or negative sentences when the subject of the sentence is 3rd person

2）To familiarize Ss with the verb forms with "-s/-es" through speaking and writing activities, especially to enable them to introduce their partner in English

　以上のように，本時の授業設計にあたっては，下の図に示すように，個別の課や複数の課を統合した「単元」（教科書本文の題材の関連性や言語材料の系統性などを踏まえた，個別のレッスンを超えたより大きな指導・学習の枠組み）全体のより大きな指導目標（生徒にとっては学習到達目標〔CAN-DO〕となる具体的活動目標：behavioral objectives）を設定し，それを達成するために必要な配当時間とそれぞれの内容を検討していくトップ・ダウン（Top-down）の過程，言い換えれば，ゴールから逆算して授業を設計する「**バックワード・デザイン（backward design）**」のプロセスをたどって行くことになります。

　〈**Backward-design による Top-down の授業設計**〉

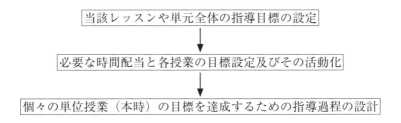

　なお，バックワード・デザインによる授業設計の具体的方法ついては，本章で取り上げた指導案に基づく実践を例に第5章で詳しく検討します。

　Ⅷ. Teaching Aids（教具）の項では，教師が作成して配布するハンドアウ

トや，ビデオなどの視聴覚機器など，本時の目標達成のために授業で使用する
特別な教具があればそれを記載しよう。

5　各指導過程のねらいと指導上の留意点

　授業は，次の図のように「山登り」にたとえることができます（髙橋 2011：
114）。単元や本時の目標（＝登るべき山）が決まれば，どのような経路
（course）を通って，生徒をひとりの落伍者もなく目標地点たる頂上（goal）
まで到達させるかを検討します。これが年間や単元の指導計画（macro-level
planning），あるいは，それらを構成する 50 分の単位授業の設計（micro-level
planning），すなわち，Ⅸ. の Teaching Procedure（指導過程）であり，登山
パーティーのリーダーが登山計画を立案するがごとき入念さと緻密さが要求さ
れる作業です。

　　　　[生徒に登らせたい山の図]

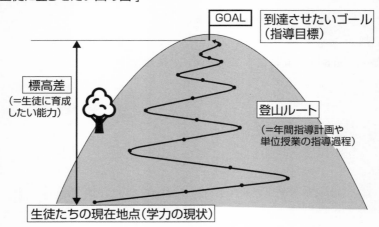

次に 3 に示した指導過程（pp. 46-47）のねらいと指導上の留意点を，授業
の流れに沿って概観しておきましょう。

（1）授業への導入（ウォームアップ：Warm-up）

　2で述べたように，**授業の鉄則は，「レディネスを作る」**ことです。教室に入った途端に，「では，○○ページを開けて，大きな声で，英語らしく教科書を音読しよう。はい，S₁君，立って読んでみなさい」などと言っても，多くの生徒は心も身体も，そして発声器官も未だ準備できておらず，満足な音読ができなくて当然です。

　その結果を見て，教師が，「もっとしっかり大きな声を出しなさい！」と生徒を叱責したり，「それでも英語か!?」などと批判でもしようものなら，その授業は最初から雰囲気が壊れてしまいますし，生徒と教師の信頼関係（rapport）を築けるわけがありません。実はこの T-S rapport こそが良い授業を創り出すための必要条件なのです。生徒たちは，朝1時間目の授業でまだ頭も身体も眠っていたり，昼食後の授業で睡魔に襲われていたり，前の授業が体育でまだ汗も引かず呼吸も乱れていたり，はたまた，数学の授業で一時間ほとんど無言で難問と格闘していたかもしれません。

　これからがんばって英語の学習を始めようという「心と身体の構え」と，楽しく学ぶ雰囲気（英語学習へのレディネス）を作ってあげる必要があります。この意味では，あいさつも「起立，礼，着席！」ではなく，和やかな雰囲気で英語であいさつを交わしたいものです。中学1年生では，"Stand up, please. Hello, everybody. How are you（doing）today?" などと教師がイニシアティブを取り，2年生では，教師の "Stand up, please." の号令の後，生徒からすすんで先生にあいさつをする，3年生になると，教師が入室したら，タイミングを見計らって，着席したまま生徒からあいさつの声をかけるなど，成長とともに学年によってあいさつの仕方を変えていくのもよいでしょう。

　あいさつだけでなく，毎時間3〜5分程度のウォームアップの活動として，英語の歌やチャンツ（chants）を授業に位置づけるのも効果的です。ウォームアップでは，いろいろな活動を行うことができますが，第一義的には，授業の「たん切り」としての発声練習を中心に据えるのが効果的です。その他，早口

言葉（tongue twister），ビンゴ，スモール・トークなど教師主導の活動から，生徒主体のクイズ（e.g., Who/What am I?），スピーチ（prepared speech），スキット（skit playing）など個人やペアの発表活動をウォームアップの時間に位置づけることも可能です。

　先生方は授業冒頭の数分をどのように使っていますか？　教員志望の学生諸君は中高の英語授業はどのように始まっていましたか？　「塵も積もれば山となる。」たかが3分でも，週4回1年間（35週）続ければ420分（7時間）に，3年間ではなんと1,260分（21時間）になります。これは侮れない時間です。何らかのねらいを持って「帯活動」として計画的に継続すれば，単なる雰囲気作りや授業への動機づけにとどまらず，英語の発音やリズムの習得，語彙力の増強，リスニング能力の伸長，コミュニケーションへの積極的・主体的な態度や能力の育成など，中・長期的にはさまざまな効果を生み出すことも可能です。（長期的視点に立った歌やチャンツの活用法については，第4章で具体的に紹介します。）

(2) 復習（Review）

　一方的に教師が知識を伝達し教え込んでも，生徒の記憶に残らず，すぐに忘れ去られるのが常です。次に示すのは，19世紀のドイツの心理学者ヘルマン・エビングハウス（Hermann Ebbinghaus, 1850～1909）が示した「忘却曲線」と呼ばれているグラフです。エビングハウスの「忘却曲線」は，人の記憶のうち主に「長期記憶」に関して，その「節約率」の程度を表す曲線で，一度覚えた内容に関して「再度覚えるためにかかる時間をど

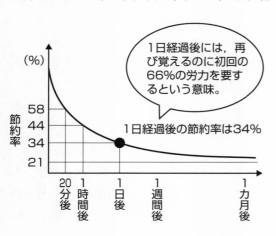

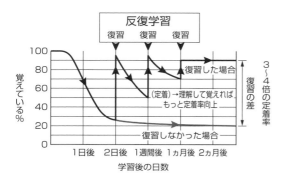

の程度減らすことができるのか」を調べたもので，前ページの図のような曲線を描くことが実証されました。

この「節約率」を基にして考えると，左図のようにあまり間隔をあけすぎずに繰り返し復習することの重要性がわかります。

外国語の学習，とりわけ言語の習得を促すには，次の2つの学習が大切です。

① 「積み重ね学習」

新出文構造の肯定文が未定着な生徒に，否定文や疑問文，WH 疑問文などを指導しても，砂上の楼閣になりかねません。未だ音声で慣れ親しんでおらず自信をもって発音することができない英文を書かせても，達成度が低くて当然です。新しい事柄を学習する「レディネス」が不十分だからです。

② 「スパイラル（spiral）な学習サイクル」

一度教えて，頭で「理解」できたとしても，それを「習得」するには時間がかかります。意識的な学習（learning）と，無意識のうちにも正しく運用できる習得（acquisition）は別物です。例えば，「三単現の-s」という文法規則を理解し覚えることは難しいことではありませんが，無意識のうちに使いこなせるようになるのは容易なことではありません。ネイティブの子どもたちの言語習得でも，三単現は習得に時間のかかる規則だと言われています（Krashen and Terrell 1983）。外国語として英語を学ぶ日本人学習者にはなおさらです。

以上，授業における復習の重要性は言わずもがなのことでしょう。前時の学習事項を復習することで既習の内容を想起させるとともに，生徒の理解度や定着度を確認します。そして必要に応じて，補充練習や発展的な活動を通して一

層の定着を促し，確かな土台を築いて本時の学習へのレディネスを作ります。

　どのようなレベルの復習活動を行うかは，生徒の学力レベルによりますが，前時の授業との時間的な間隔も考慮すべき大きな要因です。中・高の教師は英語しか教えていませんが，生徒たちは英語以外にも多くの教科を学んでいます。教師は覚えていても，生徒はきれいさっぱり忘れてしまっているということはえてして起こり得ることです。

(3) 帰納的アプローチによる文法事項の導入・展開モデル

　新しい文型・文法事項の導入は，授業の中核部分のひとつです。まず，次に図示した「帰納的アプローチ」による文型・文法事項の口頭導入（oral presentation）と展開のモデルをご覧ください。

指導過程	指導内容
（復習） ……	新言語材料の学習に必要/有効な関連既習事項があれば事前に復習し，学習へのレディネスを作る。
インプット ……	新言語材料を含む文を，生徒に理解しやすい意味ある文脈の中で与える。
意味の類推 …… 学習者の　脳内活動	（豊富なインプットを与え聞かせることにより，）目標文の意味（meaning）と機能（function）を類推させる。
規則の発見 ……	復習で意識づけた関連既習事項との対比（contrast）を通して目標文の文法構造（form）を発見させ内在化を図る。
確認と定着 ……	意味・構造・機能への気づきを生徒から引き出しながら整理確認（confirm）し，目標文を反復記憶（mim-mem）させる。
アウトプット ……	記憶した目標文を応用して，生徒に新たな文を生成，運用させ，その理解と定着を深める。
「学習活動」 ……	ドリル的練習活動（manipulation drills）で意味と形と使い方の定着を促す。
「言語活動」 ……	情報伝達/情報交換活動（communication activities），自己表現活動（self-expressing activities）など運用練習を行わせる。

上記の導入手順を簡潔に言語化してまとめれば，次のようになります。

---

① **関連する既習事項**があれば復習し，学習への**レディネス**を作る。（②の導入文
　の中で場面設定に使い，意味と形を**対比**できる対象を意識づける。）
② 生徒たちにとって**興味・関心のある話題**を選び（**先駆知識**［schema］の活用
　と活性化），既習文から構成される**理解可能な意味ある文脈**の中で目標文を提
　示することにより，まずその意味（meaning）と使い方（function）を正し
　く類推させ，次いでその形（form）に意識を向けさせ，統語上の規則を発見
　させる。
③ 生徒の気づきを引き出しながら（elicitation）理解を確認・整理し，目標文
　を模倣反復（mim-mem）により記憶させる。

以下この手順を詳しく解説していきます。

① 関連既習事項の復習

　導入に先立ち，新しく導入する文法事項に関連する既習事項があれば，それ
を復習することによって，学習へのレディネスを作るとともに，意味と構造を
対比する文を提示します。ここで言う「復習」とは，必ずしも前時の学習事項
の復習とは限りません。例えば，4 で取り上げた中学 1 年生 2 学期の三単現の
導入では，関連する既習事項は 1 学期に学習した主語が一人称，二人称の S +
V + O の文になります。また，3 年次で現在分詞による後置修飾構造を導入す
る場合には，1 年次に学習した現在進行形の文が，過去分詞による後置修飾構
造の導入に際しては，2 年次に学習した受動態の文が関連既習事項となりま
す。

② 目標文のインプット

　これは新しい文法構造を含む本時の目標文（target sentences）を，生徒に
理解しやすい意味ある文脈（context）の中で，口頭で提示（oral presenta-
tion）する導入の中核となる大切な部分です。

　生徒に「理解しやすい文脈」を作ってやるには，話題（topic）の選択が重
要な鍵を握ります。たとえ与える英語の語彙や構造的難易度が同じであったと

しても，中学生や高校生に国際経済の話をしても理解は困難です。例えば，芸能，スポーツなど，生徒たちが興味・関心を持っている話題（一般にジェネレーションが生徒に近い若い教師ほどこれを的確にとらえ，話題を共有できる強みがあります），学年・学校行事や地域のイベントなど，生徒の身近な話題を取り上げれば，生徒たちの興味を引きつけるとともに，既存の知識があるために，理解は容易になります。親しみのある話題を取り上げることによって，「生徒の持つ先駆知識（schema）を活性化させる」のです。知っている話題についてはよくわかる，至極当然のことです。

新出の目標文を唐突に単独で提示すると，塾などであらかじめ習っている生徒にはわかるかもしれませんが，初めての生徒には意味を理解することはできません。しかし，目標文以外はすべて既習の語彙，文法構造の文（関連する既習の文構造を意識的に織り混ぜます）で構成した文脈の中で与えてやれば，文脈から未知の文の意味を類推（guessing the meaning）することが可能になります。単語レベルで例をあげれば，座敷に正座している人々の絵を示しながら，Look at these people sitting on the *tatami* floor. They've been here for about one hour. Their feet are already "*asleep*". と言えば，生徒は "asleep" は「足がしびれる，しびれをきらす」という意味であることを類推できるでしょう。この際，お葬式で正座してお経を聞いている人々の絵を示してやれば理解はより容易になります。言葉の意味を言葉で説明するメタ言語を理解するのは思考を要する作業ですが，絵や写真，実物などの視覚補助具（visual aids）を活用することにより理解を助けることができます。

さて，人の話を聞き，その意味を理解しようとするのは人間の自然な姿勢であり，ここまでは，生徒は未知の文の意味を自然と類推します。教師の口頭導入を聞きながら，生徒は，「今日は，○○○というような意味を表す文を学習するのだ」ということを了解するでしょう。外国語学習で重要なのは，この後です。「このような意味を，どういう構造で表現し伝達しているのだろうか？今まで学習した構造と統語上どこが違っているのだろうか？」という，文法の新たな規則を見つけ出させることです。「**構造への意識化**」は放っておいては

生まれません。意味から構造へと学習者の視点を切り替えさせる教師からの適切な働きかけが必要です。「形の違いに気づいたかな？」と日本語でポイントをズバリ質問して確認することも可能ですが，必ずしも日本語を使わなくても，次の例のように，導入過程での教師と生徒のやり取り（interaction）の中で，ある程度目標文が定着してきたら，英語で文をピンポイントで発話させることによって，新しい規則を生徒が発見しているかどうかを確認することができます。

　例えば，先に取り上げた三単現の学習であれば，口頭導入の後半，生徒がある程度習熟してきたと思われる段階に至ったところで，次のようなやり取りを行います。

　T: Do you like soccer, S_1?

　S_1: No, I don't. I like basketball.

　T: How about you, S_2? Do you like soccer?

　S_2: Yes. I like soccer very much.

　T: Does S_1 like soccer, too?

　S_2: No.

　T: What sport does he like?

　S_2: Basketball.

　T: That's right. He ....（ポイントとなる発話を生徒から引き出すためのこのようなキューを prompt と呼びます。）

　S_2: He <u>likes basketball</u>.

　T: Great!　You like soccer. But, S_1 likes basketball.

　ここで，*He like basketball. ではなく，He likes ～と答えることができれば，S_2 は本時の「三単現の-s」という目標構造の文法上のルールを発見し，内在化させつつあることを教師は確認することができます。この段階で，関連する既習文を復習しておいたことが生きてきます。既習文との対比（contrast）により，目標文の文法規則を明確化することができるのです。

　5（3）p.54 の図の破線で囲った「**意味の類推→規則の発見**」は，教師のイ

ンプットを受けて生徒たちの頭の中で行われる思考過程を示しており，言語習得上重要なプロセスなのです。

　なお，この導入段階で大切なことは，「豊富なインプットを与える」ということです。「帰納的アプローチ」による指導では，与えられたデータをもとに生徒自身がその意味と規則を発見していくように導いていきますが，その過程で誤った類推が働くことも考えられます。与えたデータがひとつきりだと，自らの推測が正しいかどうかを検証することができません。豊富なインプットを与えることにより，生徒は，「やっぱりそうだ」と，自分の立てた仮説を確認，検証したり，「あれ，おかしいな。つじつまが合わないぞ。そうか，こういうことか。うん，これだ！」などと，必要に応じて仮説を修正し，確認することができるようになります。

③ 確認と定着

　以上のような過程を経て，生徒が目標文の意味と文法規則を正しく推測することができたなら，そのポイント（意味と形と使い方）を確認します。これは，あくまで「確認」（confirmation）であり，一からの「説明」（explanation）ではありません。ここで初めて，「えっ，そういうことだったのか！」と生徒がようやく理解できたとすれば，ここまでの導入指導は失敗だったということになります。生徒が正しく理解できたことを確認したうえで，簡潔明瞭な言葉で教師はポイントを**整理・確認**し，生徒たちの**理解を平準化**します。また，理解できた目標文のいくつかを，教師のあとについて「一斉（chorus）→個人確認（individual check）→一斉」の手順で模倣反復を繰り返させ，基本文として記憶させます（mim-mem）。多くの場合，ここで初めて目標文を板書し，ノートに写させます。音声で理解し，口に出してよどみなく言えるようになった英文を文字で確認することにより，理解を強化（reinforcement）します。

　以上で，目標文の導入過程は終了です。次に mim-mem を通して記憶した基本文を応用した生徒によるアウトプット（output）練習を行い，目標構造の一層の定着と運用能力の育成を図る展開過程へと授業を進めます。

（4）学習活動から言語活動へ

　生徒のアウトプット練習は，「学習活動」と「言語活動」に大別することができます。

① 学習活動

　現行の学習指導要領にはこの用語は出てきませんが，昭和33年度指導要領に初出した用語で，体育系クラブで言えば，いわゆる「基礎練」に相当する練習です。

　「学習活動」とは，「学習した言語材料の理解を深め，定着を図る文構造の操作練習（manipulation drills）を中心としたドリル的練習活動」と定義することができます。学習活動は，文構造の定着を目的とする活動ですから，言語の正しい用法（usage）と文法的な正確さ（accuracy）が指導上のポイントとなります。したがって，この練習段階では，生徒の生成する文に目標とする構造面の誤りがあれば訂正（error correction）し，正しい形の定着を図る必要があります。

　例えば，三単現の導入後，学年担任の絵を使った口頭英作文（oral composition）の学習活動では，次の例に示すように，生徒の発話に三単現の-s の欠落が見られれば，それがたとえコミュニケーションの情報伝達に大きな支障を及ぼさない誤り（local error）であっても，本時の学習上のポイントですので，教師は即座に誤りを指摘し，生徒に修正させるフィードバック指導が不可欠となります。誤りの指摘は，「主語が三人称の He なのに，like に三単現の-s が抜けている。付けて言い直してごらん」といった日本語による明示的訂正よりも，次のようにやり取りの中で生徒自身に気づかせ，自己修正させるとよいでしょう。

　　T: What does Mr. Ogawa do on Sundays?

　　S: *He play golf.

　　T: *He play golf?　*Mr. Ogawa play golf? Is that right?

　　S: Oh, he plays golf.

T: You're right. Please repeat after me, "He plays golf. Mr. Ogawa plays golf on Sundays."

　学習活動は，往々にして構造中心の機械的練習になりがちですが，あとの言語活動につなげるためにも，できるだけ現実的な意味を伴った（meaningful）練習を与えたいものです。上の例でも，Tom や Mary といった架空の人物よりは，学年担任の先生など身近な人物の事実情報に基づいた練習のほうが，生徒の興味を引き，生きた表現活動につながっていきます。

　最近の授業では，「コミュニケーション重視の授業」の名の下に，このような学習活動が軽視され，構造の定着が不十分なまま言語活動を行わせたり，極端な場合には，通じさえすれば，「間違いなんでも通し」のような授業も見受けられますが，これは非常に危惧すべき事態です。これでは，指導の鉄則であるレディネスが形成されないまま次の段階に進んでいることになります。運動クラブを基礎練なしで，いきなり試合に引率するようなものです。これでは，言語習得は進まず，最悪の場合は，誤った英語が永久的に生徒に残り化石化（fossilization）を起こすことにもなりかねません。また，より上手に（正確に）英語を使えるようになりたいという生徒の学習動機に応えることもできず，学習意欲の減退にもつながりかねません。

② 言語活動

　オーラル・アプローチ（The Oral Approach，海外での別名 Audiolingual Method）全盛期には，わが国では，パタン・プラクティス（pattern practice）などの学習活動を行ってそれで終わり，という授業が大半でしたが，現在では，それを言語活動に発展させる授業がほとんどといえる時代になりました。

　「言語活動」とは，「伝達目的（communicative purpose）を遂行するために，学習した言語材料を実際に使用し，運用する擬似コミュニケーション活動（pseudo-communication activities）」と定義することができます。言語活動では，主体的にコミュニケーションを図ろうとする態度とそれを支える基礎能力を育成することが目的ですので，情報伝達活動や情報交換活動，自己表現活動

などに自ら工夫して積極的に取り組み，英語を使って課題を遂行し，伝達目的を達成し得たか否か，また，いかなる内容を伝達し得たかというプロセスと結果に評価の視点を置くべきです。いちいち活動を中断して，その都度，重箱の隅をつつくがごとく，細かな誤り（local errors）を訂正していては，生徒の伝達意欲を阻害し，「木を見て森を見ず」になってしまいます。ここでは，用法（usage）や正確さ（accuracy）よりも，実際の言語運用（use）と言語使用の流暢さ（滑らかさ：fluency）に指導の比重を置き，伝達に支障を来たすような致命的な誤り（global errors）の場合以外は，活動を中断することなく見守りたいものです。生徒に共通して見られる local errors が観察された場合には，活動後にフィードバックを与え，必要に応じて学習活動を行うことで補強するといった，スパイラルな指導と学習がここでも大切なのです。

(5)「言語活動」を創る

　小中高の校種を問わず，近年の検定教科書には，豊富な言語活動が掲載されていますが，万人向け，かつ，使用できる語彙の制約という教科書の宿命で，それらの活動が，必ずしも目の前にいる児童・生徒の興味，関心を引き，参加意欲を刺激するものであるとは限りません。したがって，自分の生徒に合った言語活動を教師が考案して提供する必要が生じてきます。

　モロー（Morrow 1981）は，実際のコミュニケーションのもつ特性として，

> ① information gap
> ② choice
> ③ feedback

の3つの要素を挙げています。生徒の学習段階に応じて，これらの3要件をできるかぎり満たす方向で考えれば，言語活動を自ら創ることができます。

① Information gap

　「インフォメーション・ギャップ」は，言語活動設計の合言葉的要素です。人間関係を円滑にするための，"Good morning." "Nice day, isn't it?" のような，情報の授受を伴わないあいさつなどの社会的コミュニケーションを除い

て，コミュニケーションは，A，B 二人（または，それ以上）の人間の間で行われる言語交渉であり，原則として A が B の知らない情報をもち，それを伝達しようとするときに成立します。コミュニケーションは，この両者の間に存在する情報の格差（information gap）を埋めようとする情報授受活動ということができます。したがって，H.E. パーマー（Palmer 1925）の提唱した，鉛筆などを手に持って行う次のような活動（定型会話：Conventional Conversation）は，特殊な場合を除き，尋ねる前から聞き手自身にも答えがわかっており，いかに英語を使ってインタラクションを行っていても，インフォメーション・ギャップが存在しないので，「言語活動」ではありません。

T: Is this a pencil?

S: Yes, it is.

T: Is this a pen?

S: No, it isn't.

T: What is it, then?

S: It's a pencil.

T: Is this my pencil?

S: Yes, it is.

T: Is this your pencil?

S: No, it isn't.

T: Whose pencil is it, then?

S: It's your pencil.

パーマーの Conventional Conversation は，実際のコミュニケーションのやり取りだと考えれば極めて不自然ですが，これは be 動詞の疑問文とそれに対する応答の仕方を定着させることを目的とした「学習活動」なのです。

　一方，同じ言語材料を扱いながら，次のように各列の生徒の鉛筆を 1 本ずつ後ろから集めさせて最前列の生徒に渡し，英語を使ってそれぞれの鉛筆の持ち主を確認して返却させるという課題（task）を与えれば，生徒間にインフォメーション・ギャップ，すなわち，質問する必然性が生まれ，初歩的な「言語

活動」となります。

S₁: Excuse me.

S₂: Yes.

S₁: Is this your pencil?

S₂: No, it isn't.

S₁: Then, is this yours?

S₂: Yes, it's mine!

S₁: Here you are.

S₂: Thank you very much.

S₁: You're welcome.

　教室では，一部分が異なる2枚の絵や，互いに異なる情報を盛り込んだ2枚1組の表やカードをペアになる生徒に与えることにより，インフォメーション・ギャップを設定して情報交換を行わせることができます。"information gap activity" と呼ばれるご存知の活動がこれです。

② Choice

　2つめの要件である「チョイス」とは，情報伝達や自己表現のために使用する語彙（vocabulary），伝達形式（form），さらに伝達内容（content）を，活動に参加する生徒が自ら「選択」できることをいいます。

　最も初歩的なものは「**語の選択**」です。例えば，be 動詞の文を学習した中学1年生の入門期に，モデルとして，I'm in a <u>sports</u> club. I'm on the <u>basketball</u> team. / I'm in a <u>cultural</u> club. I'm in the <u>art</u> club. という文を与えたとします。言語活動に先立ち，これら2セットの文を誤りなくすらすらと言えるように，自分の所属するクラブとは無関係に反復模倣させ，記憶させます。いわゆる「ミムメム」（mim-mem）ですが，これは，言語活動で使用する基本文定着のための「学習活動」です。運動クラブ（sports club）に対して，文化系クラブ（cultural club）という語彙も与え，track and field, gymnastics, brass band, volunteer など，学校にあるクラブ名を指導した後に，モデル文の下線部を自分にあてはめて語彙を選択させて発表させれば，これは初歩的な（教師

からのコントロールの強い）自己表現活動，つまり言語活動になります。

　学習段階が進めば，同じ内容を伝達するのに，どのような表現形式を用いて伝達するか，すなわち，生徒に「**表現形式の選択**」の余地を与えることも可能になってきます。例えば，(1) I have a sister who studies music at a university in Tokyo. という関係代名詞を用いた1文のメッセージは，(2) I have a sister. She's a university student. Her university is in Tokyo. She studies music there. という単文4文でも表現することができます。どちらも，伝達している情報量は同じであり，コミュニケーションとしては等価です。もし，このとき，S_1 は結果的には1箇所の文法的誤りもなく，学習したばかりの関係代名詞も正しく使って (1) の文を言うことができたが，発話する前にまず考える時間をとってノートに書き，確認し見直したうえで1分後にそれを見ながら発話したのに対して，S_2 は，(2) の4文を，*I have sister. She is university student. Her university in Tokyo. She study music there. と不定冠詞や be 動詞の欠落，三単現の‐s の欠落などの local errors は見られるが，間を置かずに即座に発話した，そして，それを聞いていた ALT は，どちらの伝達内容も完全に理解したとすれば，S_1, S_2 いずれのコミュニケーション能力（communicative competence）が高いのでしょうか。一概にどちらとも決めかねる難しい問題です。S_1 は正確さ（accuracy）は高いが，流暢さ（fluency）に欠け，S_2 は正確さでは劣るが，流暢さは S_1 よりも高い，ということになります。コミュニケーション能力において，accuracy と fluency はともに大切な能力なのです。個別指導レベルでは，S_1, S_2 に対して異なる助言や指導が必要となるでしょう。

　さて，コミュニケーションにおける究極の選択は，言うまでもなく「何を伝えるのか」，「どのような情報を求めて尋ねるのか」という「**伝達内容の選択**」です。例えば，自由にテーマを選んで行うスピーチや創作スキットの発表などがこれに当たりますが，日常の Q&A においても，教科書本文の事実情報を尋ねる「**事実質問**」（display questions）ばかりでなく，本文には明示的に書かれていない登場人物の気持ちや筆者の考えなどを読み取って答える「**推測質**

間」(inferential questions)，題材に関わって，生徒自身の経験や考え，感想などを求める「**参照質問**」(referential questions) を織り交ぜたり，「教師＝質問する人」，「生徒＝教師の質問に答える人」という役割の固定概念を打ち破って，「20 の扉」(Twenty questions) などの活動を通して生徒に質問させる機会を与えたりすれば，伝えるべき内容 (what to communicate) を育て開拓することに寄与するでしょう。

③ Feedback

　最後に３つ目の要件である「フィードバック」について見ておきましょう。オーラル・コミュニケーションにおいては，A が質問すれば B がそれにフィードバックを返す形で応答する，これが１回のインタラクション (interaction) です。これを１回きりで終わらせず，インタラクションの継続を図る手立てを考えることにより，言語活動の質を高めることができます。この視点は，「話すこと［やり取り］」の言語活動ではいたって明瞭ですが，学習指導要領にもあるように，「言語活動」は４技能５領域のそれぞれにおいてこれを行うことが求められているのはご存知の通りです。例として，「書くこと」の言語活動を考えてみましょう。

　生徒に英語で手紙を書かせるとします。書くことの言語活動には，読み手の存在が不可欠です。「先生，だれ宛てに書くんですか？」，「だれでもいい，とりあえず Mr. X にしておこう。」「Mr. X ってだれですか？」，「そんなことはどうでもいいから，とにかく書け！」では困ります。また，熱心な教師が，生徒が書いた「内容」は評価せず，使命感と親心から単語の綴りや文法的誤りを一方的に訂正し，真っ赤になった手紙を返却してやったことで，「やっぱり英語で手紙を書くなんて無理に決まっている。こんな無謀なことは二度とやめておこう」と生徒が思ったとすれば，これは言語活動の名を借りたペテンであり，生徒の表現意欲を損なう本末転倒の結果を生むことになります。

　ALT に対して手紙を書かせ，返事をもらえるとなれば，生徒の意欲は俄然高まります。書かれた内容を大きく評価しながら返信する中で，生徒にとって大切なメッセージに伝達に支障を来たすような大きな誤り (global error) が

あれば，その部分に絞って訂正しておいてやれば，それは必ず定着するでしょう。ただし，小規模校であるならともかく，百数十人もの生徒に返事を書かされる ALT はたまったものではありません。そこで ALT にはすべてを読んだうえで，全員に向けた返事を書いてもらえば，ALT に過度の負担をかけずに行うことができます。また，ALT ではなく友だち宛てに Dear friend，で手紙を書かせ，書きあがった手紙を他のクラスで無作為に配布し（自分の書いた手紙がだれに読まれるのだろう，誰から返事をもらえるのだろうと生徒はワクワクします），それを読んだ生徒から当該生徒に，今度は，Dear ○○，と宛名を明記して返信させることにすれば，生徒の書く動機を高めながら，「書くこと」と「読むこと」を統合した言語活動を無理なく行うことができます。

(6) 生徒の積極的参加を促す方策

　以上，言語活動考案に際しての，information gap, choice, feedback の3つの要件を見てきましたが，冒頭で述べたように，これら3点のすべてを同時に満たすことはできない場合もあります。要は，生徒の発達段階に応じて，これらの要素をできる限り満たすように心がけて，生徒の能力に合った言語活動を考え，実施することです。

　ただし，ここで明記しておきたいことは，これら3つの要件は，言語活動考案に際しての必要条件ではありますが，授業実践への十分条件ではないということです。生徒とは恐ろしいもので，とりわけ対象年齢が下がれば下がるほど指導は難しくなるものです。教師が，仮に「この活動は，英国のモローという偉い学者が提唱している3つの要件に鑑みて作った言語活動である」と胸を張って言ってみたとしても，「あっ，そう。でも，つまんない！」と言われてしまえば，それでおしまい。授業とはそういうものです。

　そこで，生徒の積極的な参加（participation）を促すための活動への味付けが必要になってきます。筆者は，言語活動の設計に際して，

> ① Task-based activities
> ② Game-like activities
> ③ Pair/Group activities
> ④ Creative activities

の4つの要素を活動に加味することを念頭においています。

① タスクに基づく活動（Task-based activities）

　(5) ①で示したインフォメーション・ギャップ活動例の,「英語を使って鉛筆の持ち主を確認し，返却しなさい」といった達成すべき具体的な伝達活動の目的（communicative purpose）を与えます。このような課題をタスク（task）と呼びます。「できた」,「できない」がはっきりとする具体的なタスクを与えることで，生徒の活動への意欲（motivation）は高まります。タスクが難しければ難しいほど，できたときの成就感，達成感が高まることは言うまでもありません。Challenging task が生徒たちの学習意欲を刺激するのです。

　学習活動などドリル的な活動では，生徒は今どの言語材料を練習しているのかがわかって練習しているので，その言語形式（form）に注意が向いています。意識化の下での練習ゆえに，誤りはあまり起こりません。しかし，ここで安心してはいけません。タスクに基づいた活動に従事させると，生徒の関心は言語形式よりも目標の達成，つまり伝達内容（content）に向きますので，学習活動では起こらなかった文法上の誤りを犯しがちです。間違いを犯す生徒がいれば，その生徒は未だその言語材料を「習得」するには至っていないのだということを教師は把握することができます。誤りの数が多ければ，より徹底した学習活動で習得を促進する必要性が生じてきます。生徒の習得の度合いを確認するためにも，タスクに基づく言語活動を行わせることが重要です。

② ゲーム的要素を加味した活動（Game-like activities）

　生徒はクイズやゲームが大好きです。これを単なる気分転換のレクレーション的な単発の活動として行うだけでなく，授業の中核ともいえる言語活動に加味してみましょう。例えば，同じ活動でも，ルールを決めて得点を競うとか，制限時間を設定してタスク達成の順位を競うとか，ちょっとした工夫で生徒は

やる気を起こすものです。英語「楽習」をめざしましょう（樋口編著 1989，樋口・高橋編著 2001）。

　以下に示したのは，筆者がかつて指導した教育実習生が作成したワークシートです（髙橋 1990, 2011）。中学1年生1学期の一般動詞の疑問文，及び what で始まる疑問文の定着を図るべく考えたゲーム活動です。絵の少年になったつもりで，帽子，ポケット，かばん，手の中にそれぞれ何を持っているか好きな動物を自由に選んでプリントに書き込ませたあと，相手の持つものを推理してペアで尋ね合い特定するという一種の guessing game です。"Do you have a frog in your cap?" などの Yes-No 疑問文で3回まで尋ねることができ，当たれば得点（1回でズバリ当たれば3点，2回目で当たれば2点，3回目なら1点）が与えられます。3回尋ねて当たらない場合は，give up して，"What do you have in your cap?" のように尋ね，相手から直接情報を入手することになります（この場合，得点は0点となります）。

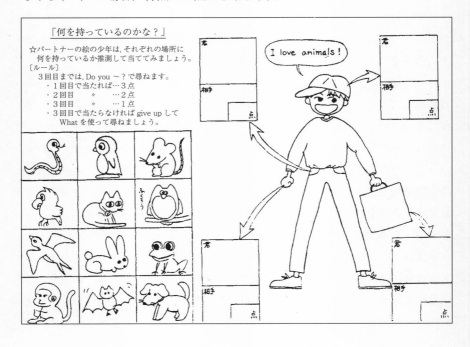

Whatを使う必然性もあり，おもしろい活動で生徒たちも楽しそうにペア活動に取り組んでいました。ただし問題点は，推理よろしく早々に当たり，高得点を得た生徒ほど英語の発話量が少なく，ここでの目標構造であるwhatで始まる疑問文を使わずに活動を終えてしまうという点です。総得点が0点という生徒が最も多くの言語運用の機会を得られるという，得点と学習効果が背反する奇妙なゲームです。とは言え，実習生としてはなかなかのヒット作でした。

③ **ペアやグループ活動**（Pair/Group activities）

人前に立って，一人で発表するような個人活動は生徒に緊張感を強いるものです。だれしも人前で恥をかきたくはありません。過度の緊張感や失敗を恐れる気持ちは，言語習得を阻害する壁となります。このような壁をクラッシェン（Krashen）は「情意フィルター」（affective filter）と呼び，これを下げることによって，学習者は与えられたインプットを内在化（intake）しやすくなり，言語習得が促進されると述べています。個人活動はもちろん大切ですが，学習の目的や，活動の種類に応じて，ペアやグループ活動など，さまざまな学習形態，活動形態を採用することによって授業に変化をもたらすとともに，生徒の情意フィルターを下げ，より活発な活動を促すことができます。

④ **創造的活動**〔Creative activities〕

自分の表現したい内容を伝えようとするときに，生徒は目を輝かせて活動に取り組みます。生徒の伝達意欲（communicative desire）を高めるためにも，与える課題はひとつでも，十人十色のアウトプットが生み出されるような活動，言い換えれば，生徒の個性・創造性を引き出すような活動を設計し，与えたいものです（樋口編著 1995）。次ページの最初に示すのは，助動詞 can の学習後にペアで実施した creative writing「こんなロボットが欲しいなぁ」の女子生徒の作品です。

書き出しの文と終わりの文を指定し，ロボットに名前を付け，その能力を can を使って表現するという文章構成のモデルを示しました。与えた課題は同じですが，生み出されるアウトプットはひとつとして同じものはありません。次ページの2つ目は，教師の与えた課題を勝手に変更したある男子の作品です。

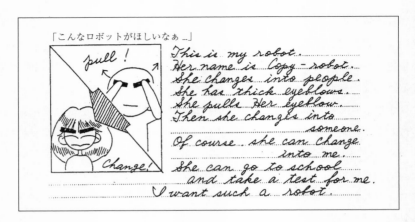

「こんなロボットがほしいなぁ …」

pull !

Change !

This is my robot.
Her name is Copy - robot.
She changes into people.
She has thick eyeblows.
She pulls Her eyeblow.
Then she changes into
　　　　　　　someone.
Of course she can change
　　　　　　　into me.
She can go to school
　　and take a test for me.
I want such a robot.

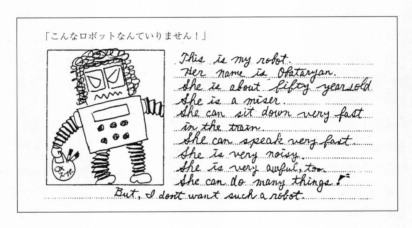

「こんなロボットなんていりません！」

This is my robot.
Her name is Okataryan.
She is about fifty years old.
She is a miser.
She can sit down very fast
in the train.
She can speak very fast.
She is very noisy.
She is very awful, too.
She can do many things.
But, I don't want such a robot.

　以上，かなりの紙面を割いて言語活動について考察してきましたが，活動の質的な検討については，次の第3章に譲ることにして，話を指導過程に戻しましょう。

(7) 教科書本文の導入と展開

　ここまでの指導過程を経て，生徒たちに新しい文型・文法事項にある程度習熟させることができれば，いよいよ，それが出てくる教科書本文を読んで理解

できるレディネスが形成されてきたことになります。50分の授業の後半では，教科書本文のリーディングに入ります。ここでは，予習を前提としない，絶えず生徒のレディネスに注意を払いながら英語で進める「帰納的アプローチ」による教科書本文の導入から展開までの段階的指導のモデルを示します。

① **本文の口頭導入**

　教科書を開くに先立ち，学習する本文の概要，要点を口頭で導入することによって，読むことの困難点を取り除き，スムーズなリーディング活動に移行できるようにするのが「オーラル・イントロダクション」（oral introduction）です。基本的には，生徒に理解可能な易しい英語で教師が語り聞かせることによって，本文の内容のあらましを伝えます。

　生徒にとって，理解可能な（comprehensible）な導入を行うためには，単に教科書を閉じさせて，教師が本文を音読するだけでは何の効果もありません。ましてや，CDを聞かせて，「わかりましたか？」と尋ねても，わからない生徒には何もわからないわけで，「導入」とは言えません。新出の文型や文法事項については指導済みですが，新出の単語や表現などが残っていますし，本文で取り上げられる題材に関する生徒の知識も不十分かもしれません。

　生徒に「わかる本文導入」を行うには，次のような点に留意することが大切です。

1. 生徒の生活や体験とも結びつけながら，題材への興味・関心を高めること
2. 未習熟の難しい文や新語などは，言い換え（paraphrase）たり，説明する文を補うなどして，理解を促すこと
3. 母親が幼児に話しかける言葉（mother talk）のように，生徒の表情をよく見て，その反応を確かめながら，必要に応じて大切な文を繰り返したり，話すスピードをコントロールしたりすること
4. 絵や写真，実物を提示したり，黒板に略画を描いたりするなど，視覚補助具（visual aids）を活用することによって，音声インプットによる生徒の理解を視覚的にサポートすること

　このような点に配慮して，口頭導入を行います。ポイントとなることは，**新出単語の意味**についても，可能なかぎりこの導入の文脈の中で，その意味を推測し，理解できるようにしてあげることです。

　このようにオーラル・イントロダクションは，教師の話す英語を生徒が聞いて理解する作業ですので，導入後，生徒がそれを正しく理解できたかどうかを確認（**check of understanding**）しておく必要があります。確認の方法には，Questions & Answers, True or False Quiz, Summarization（要約）などの方法があります。題材の難易度と生徒の学力によって適切な方法を選びます。

　以上，進め方の要点を述べてきましたが，オーラル・イントロダクションでは，教師が話し，生徒はそれを聞くという役割分担が明瞭なため，ややもすれば生徒が受け身の姿勢になり，下手をすると集中力が途切れてせっかくの導入が一方通行に終わる危険性もあります。この点を改良した導入法が「**オーラル・インタラクション**」（**oral interaction**）で，そこでは，教師ひとりが一方的に話すのではなく，要所要所で生徒に質問し，応答を引き出しながら，教師と生徒の「やり取り」（interaction）を通して，本文の概要を作り上げていきます。絶えず生徒を巻き込み，参加させながら，本文の概要を理解させていく点がこの方法の特徴であり，やり取りを通して生徒の理解度を確認しながらうまく進行できれば，別途の check of understanding は特に必要なくなります。

　この2つの口頭導入法は，どちらがより良いというものではありません。その選択は，**教科書本文題材の特性**によります。生徒たちにとって既存の**先駆知識**（**schema**）が少ない未知の内容であれば，教師がもっぱら語り聞かせる「オーラル・イントロダクション」が適しています。一方，本文内容が生徒に身近で馴染みのある内容であれば，生徒の先駆知識を引き出しながらやり取りを通してすすめる「オーラル・インタラクション」が授業を活性化します。

　以上，これから読もうとする本文のあらかたの概要・要点を口頭で導入する2つの方法を見てきましたが，これらは言わば口頭導入の「基本型」です。その他の応用バージョンもあわせて紹介しておきましょう。

●「**情報補足型口頭導入**」：中学高学年や高等学校の「英語コミュニケー

ション」など，学年が進み，題材内容が高度になると，本文には書かれていない行間に隠された情報や背景知識を教師が補って導入してやることで，より正確な本文理解を可能にします。例えば，In many countries of the world, … というフレーズがあったとしましょう。「世界の多くの国々では」と訳すことは簡単です。しかし，日本語に訳せたからといって，このフレーズを含む文の内容が本当に理解できたとは言えません。その many countries には，日本は含まれているのか，韓国や中国などほかのアジアの国々はどうか，アフリカや南米諸国はどうなのかなど，具体的な情報があってこそ，その文の真の意味を理解することができるのです。教科書本文は，学ぶに足る題材，生徒に触れさせたい題材を厳しい語彙制限と字数制限の中で工夫に工夫を重ねて執筆される，極論すれば理想と現実との妥協の産物です。ですから，ややもすれば文脈に飛躍が生まれるのは宿命なのです。よって，訳すことはできたが，結局内容はよくわからなかったし，興味を覚えることもなかった，「教科書はつまらない」，で終わってしまうのです。これを防ぎ補おうとするのが，この「情報補足型口頭導入」です。これには教科書会社発行の教師用指導書が参考になりますが，それで不十分な場合には，教師自身の題材理解や教材研究が必要となります。面倒な作業ではありますが，やってみれば自分自身を豊かにしてくれる教師自身の楽しい学びの場ともなります。何より，生徒が興味を持って楽しく授業を受け，理解してくれたなら，その労も報われるというものです。インターネットの普及で，情報入手も昔に比べてずいぶんと容易になりました。

　●「**突き放し型口頭導入**」：「基本型」も「情報補足型」も，ともに教科書を開く前に，生徒にとっての困難点を除去しスムーズに読むためのレディネスを作る，きわめて親切な導入方法です。しかし，親切も過ぎるとアダになるのは世のためし，spoon feeding ばかりしていると，自分でエサを取れない小鳥になってしまうように，自力で英語を読む能力のない生徒を作ってしまう危険性もあります。オーラル・イントロダクションの名手と自他ともに認める有能な教師の生徒に限って，実は英語を読む力が育っていなかったということは起こり得ることです。また，導入のし過ぎは生徒の読む楽しみを奪ってしまいま

す。もちろん，丁寧な指導が原則ではありますが，そのような地道な指導を通じて生徒の能力がある程度育成されてきた段階，また，比較的易しい題材の場合などには，あえて，丁寧な導入をせず，映画の予告編のように，題材についての簡単なオーラル・インタラクションを通して，題材に関して生徒が知っていることと，知らないことを明確にし，知らないことを reading points として焦点化し，概要をとらえて読ませたり（skimming），必要な情報を拾って速読させたり（scanning）することも必要です。入試本番で，教師が机の下から小声で導入してやることはできないのですから。これは，特に生徒がある程度のレベルに達した高校のリーディング指導では有効な導入法となります。

② 新語の発音練習（Pronunciation drill of the new words）

　口頭導入を通して，新出語の意味を理解させ，本文内容の概要も把握させることができても，まだ，音読を始めるにはレディネスが不十分です。音声として理解できた新出語も未だ文字と結び付いていないからです。もう一段階，音声と意味を融合させることのできた単語を，文字と結び付ける練習があれば鬼に金棒です。そこで，新出語のスペリングを提示しながら発音練習を行わせます。この際，教科書を開かせて，脚注や側注欄に記載された新出語を順に発音させることもできますが，ここでよく使われるのが**フラッシュ・カード（flash-cards）**です。厚手の画用紙などを切って作ったカードに新出語を1語ずつ見やすく書き，それをパッと一瞬 "flash" させて見せ，すぐさま発音させることで，意味のわかった単語の音と綴り字の融合（fusion）を図るとともに，単語の綴りの視覚像をとらえさせ，スペリングの習得を促します。時に，"How do you spell it?" と発問し，アルファベットを言いながら，空中で綴りを指でなぞらせたり（finger writing による「空書き」），綴りの難しい単語はノートに書かせるなどすれば，生徒はカードの綴り字に注目する習慣がつき，短期記憶（short-term memory）の容量を拡大することにもつながります。ゆっくりと見せたり，黒板に1枚ずつ貼りつけて見せたりするのは，フラッシュ・カード本来の使い方ではありません。

　また，市販のフラッシュ・カードには，裏に日本語訳を書いたものが多いで

すが，安易にこれに頼ると生徒が英語を聞いて意味を類推するという大切な学
びの場を奪ってしまうことになるとともに，「evening＝夕方」など日英語の1
対1対応の誤った意味理解をさせてしまうリスクがあり，これもフラッシュ・
カード本来の使い方ではありません。単語の意味は，口頭導入の中で類推させ
る，その日々の工夫が生徒たちの言語習得を促し，教師の指導力も高めてくれ
ます。

③ 音読練習

　以上の過程を経て教科書を開けば，生徒たちは無理なく本文を読んで，理解
することができるようになっているはずです。音読に先立って，なお，理解の
不十分な箇所があれば，教師が簡潔に説明するなど，十分に本文を理解できた
後に，音読練習に入ります。「理解できた内容を親が子どもに絵本の読み聞か
せをするがごとくに音声で表現する」，これが音読（reading aloud）であり，
話すことへの架け橋となる活動です。

　3の指導案のモデル（pp. 45-47）に示したように，まず，CD や教師の範読
をモデルとして聞かせ（この場合は，当然教科書は開いて聞かせます），その
後に，教師のあとについての斉読（chorus reading after the teacher）を始め
ます。最初は意味のまとまり（sense group）ごとに区切って読ませ，次は1
文ずつ通して読むなど，段階づけ（grading）に注意します。この意味では，
斉読のモデルは，CD よりも，生徒の反応を確かめながら自由に区切ったり，
スピードをコントロールしたりできる教師が行うほうが効果的です。そのほ
か，文字を確認した後に顔を上げて教師に向かって話しかけるリード・アン
ド・ルックアップ（read and look-up）や，全員で声をそろえて斉読するので
はなく，生徒各自が自分のペースで読む練習を行う個人音読練習（buzz read-
ing）など，段階的な音読練習を十分に行い，すべての生徒が自信をもって音
読できるようになった段階で，個人指名による音読発表（individual reading）
を行わせ，個人の音読能力の到達度を確認します。また，テキストを見ながら
CD などのスピードに合わせて一緒に音読するオーバーラッピング（overlap-
ping），テキストを閉じて CD などを止めずに聞きながら即座について発話し

ていくシャドーイング（shadowing）もテキストの自動化に有効な練習方法です。目的に応じて，いろいろな練習方法を採用しましょう。さまざまな指導法，練習方法の「手の内」を持ち，目的に応じてそれらを適切に選択して活用できるのが，プロの教師の指導力です。

　「時間がないから今日は1回だけ」，「時間が余ったので，今日は10回読んでみよう」というように，これといった意図もなく場当たり的に同じ方法で読ませるのではなく，5回読むなら，なぜ5回必要なのか，それぞれの音読の目的は何で，それが次にどう発展するのかなどを自問自答して，教師自らが説明できる指導過程を構築する，これが授業設計の要諦です。

④ 教科書本文の創造的な活用

　教科書は「理解の能力」を養うためにのみ提供されている教材ではありません。ましてや日本語に訳すためだけに作られているのではありません。教科書の題材を発展させてコミュニケーション活動に結び付けたり，感想を書いて発表し合ったりするなど，創造的な活用が可能です。「教科書を教える」のではなく，「教科書で教える」。本文を入念に読めば，そこに深め発展できるさまざまな「種」が埋め込まれています。例えば，次ページに掲載するのは，かつて私が実際に教えた中3の本文の1パート（平成9年度版 Everyday English 3. Lesson 2 "Haiku"，イラストは割愛）です。

　英語の授業で先生が「古池や　かわず飛び込む　水の音」という芭蕉の俳句を取り上げ，2つの英訳を紹介します。最後の質問は，教科書著者から読者たる生徒たちへの問いかけでもあります。訳させて終わりでは，せっかくの題材が死んでしまいます。授業で尋ねてみると生徒から次のような名応答が出ました。前時の授業の終了間際に発問し，3分程度の時間を与えてノートに英語でメモさせた文を次時に活用させました。この時の T-S interaction を再現します。S₁，S₂ の応答にはどちらも英語表現の誤りが見られますが，頑張って伝えようとしている意図は十分理解できます。教師はそれぞれの意見に耳を傾けて生徒の意見を共感的に受け止め，英語の誤りについては自然なやり取りの中で，それとなく正しい表現に言い直して生徒に気づかせようとしています。以

One of the most famous Japanese *haiku* is the
one about a frog. It was written by Matsuo Basho.　frog [frɔg]

Furuike ya kawazu tobikomu mizu no oto.
古池や かわず飛びこむ 水の音

Here are two English translations :　translation(s)
[trænsléiʃən(z)]

5 The old pond.　pond [pɑnd]

A frog jumps in —

Plop !
(R. H. Blyth)

The ancient pond,

a frog jumps in,

10 the sound of the water.
(Donald Keene)

Which do you like better ?

下の教師の発話の中にイタリック体で示したこのような訂正フィードバック
（corrective feedback）を**リキャスト**（**recast**）と呼びます。

T : Now we have two English translations of Matsuo Basho's famous haiku,
　　"Furuikeya". Which do YOU like better, and tell me why you like it.
S₁ : I like R.H. Blyth's better. It is very short and it has a good rhythm. I
　　like the word "Plop". Haiku is a short poem. The shorter is *better.
T : I see. The shorter is *the better.*〔教師の言い直し（recast）による訂正

フィードバック。これを聞いて，この S$_1$ は誤りに気づき，自分の書いた英文に定冠詞 the を書き加えていた。〕It's your point.　That's a very good point!　How about you, S$_2$?

S$_2$: I like Donald Keene's, because Basho did not say "Plop".　He said "*Mizu no oto*".　So I think "the sound of the water" is *fitter than "Plop".

T: Oh, you think "the sound of the water" is *a better translation* than "Plop".〔"Better translation" と発表した S$_2$ がつぶやく。〕S$_1$ said she liked the word "Plop" but you don't like it.（生徒たちの笑いが起こる。）That's interesting!

　日本の英語教科書の本文には，このように生徒たちの知的レベルに合ったコミュニケーション活動に展開できる「種」がたくさん埋め込まれているのですが，4技能5領域のタスクが明示的に配列された外国のコースブックとは違い，注意深く教材研究をして教科書著者の意図を読み取らないと見逃してしまいます。英語教師には，この地中に埋め込まれた「種」を見極める眼力と，それに水をやり発芽させる力が求められます。教科書を生かすも殺すも教師次第です。

(8) 本時のまとめと家庭学習の課題の指示

　本時の学習の要点を再確認し板書事項をノートに写させるなど，50分の学習のまとめ（consolidation）を行います。次時の予告を行うこともあります。また，必要に応じて家庭学習の課題（assignment of homework）を連絡します。ただし，宿題はやる気の起こる課題，どの生徒も単独でできる課題を適量に。授業で教師が指導すべきことを安易に宿題にまわすことなかれ！　「授業の中で力を付ける」ことが基本です。宿題や家庭学習への過度の依存は，生徒間の学力差を拡げ，落ちこぼれ（＝落ちこぼし）生徒を作る原因となります。

第*3*章

コミュニケーション活動再考

1 言語活動とコミュニケーション能力育成の現状

　第2章でも見てきたように，コミュニケーション能力育成をめざした英語教育という時流の中で，「言語活動（コミュニケーション活動）」は授業過程の中の主役的存在としてスポットライトを浴び，特に中学校では，「言語活動のない授業は，英語授業ではない」と言われるほどまでに認知されてきました。今や英語授業は，「言語活動花盛り」といった様相を呈しています。

　新しいことが導入されると，「① 混乱期→② 定着期→③ 反省期→④ 充実期」という過程を経て，当初の混乱期（場合によっては，拒絶期。ティーム・ティーチング導入期にはこの傾向が見られました）から試行錯誤の中にも次第に改良が加えられ，やがて充実，安定した時期を迎えることになります。

　言語活動は，現在第2期の定着期を過ぎ，第3期の反省期から第4期の充実期へと向かおうとしていると思います。新学習指導要領の改訂に先立ち，教育課程部会（2016）が発表した「次期学習指導要領の改訂に向けたこれまでの審議のまとめ」にも次のような分析が記載されていました。「中・高等学校においては，文法・語彙等の知識がどれだけ身に付いたかという点に重点が置かれた授業が行われ，外国語によるコミュニケーション能力の育成を意識した取組，特に「話すこと」及び「書くこと」などの言語活動が十分に行われていないことや，習得した知識や経験を生かし，コミュニケーションを行う目的・場面・状況等に応じて適切に表現することなどに課題がある。」

　ここで過去の実践を客観的に振り返り，質的点検を行い，より良いものを求

めて再検討を加える時期に来ているのではないかと思うのです。本章では，積極的かつ主体的にコミュニケーションを図ろうとする態度の育成とそれを支える実践的コミュニケーション能力養成の立場から，従来の言語活動，コミュニケーション活動に再検討を加えていきたいと思います。

2　従来の言語活動の事例

　言語活動考案のための3つの要件（infomation gap, choice, feedback）については，第2章で詳しく取り上げましたが，言語活動の合言葉的存在となっているのがインフォメーション・ギャップです。「言語活動＝information gap activities」と言ってもよいほど，数多くの事例が見られます。次に示す2つのペア・ワークは，その典型的なものです。

〈Ex.1〉

Task Card ①	Sue	Tom	You	Your Partner 〔　　　〕
play tennis	○			
like *sushi*		○		
send emails		×		
have a sister	×			

Task Card ②	Sue	Tom	You	Your Partner 〔　　　〕
play tennis		×		
like *sushi*	○			
send emails	○			
have a sister		○		

　英語教師であれば，これは中学1年生で三単現の学習後に実施する活動だとすぐわかるでしょう。座席の前後や隣同士など，固定したペアで行う活動

（fixed pair work）です。ペアになる生徒 A，B に異なる情報を盛り込んだタスク・カード①と②を与えることにより，インフォメーション・ギャップを設定し，欠けている情報を相手から求めることで空欄を埋めさせるという言語活動です。自分の持つカードの "You" の欄に自分自身について○，×を記入させ，〔　　　〕には，活動する相手の名前を書き込ませて尋ねさせることで，Do you ～? と Does Sue/Tom ～? を使い分けさせます。全ペアに立って行わせ，終われば着席させるなど，情報交換とタスク完了の早さを競わせればゲーム的要素が加わり，活動を活性化することができます。

　これは，中学 1 年生用のきわめて初歩的な言語活動ですが，高等学校の教科書や大学生・社会人用の EFL のコースブックにも頻出する言語活動の典型的な活動形式です。

〈Ex.2〉

Group Survey

—An early bird catches the worm. —

【Task1】 Answer the question about yourself.

Q: What time did you get up this morning?

_____

【Task2】 同じ列の友達にインタビューして，君より早く起きた人をさがそう。

Name						
Time	:	:	:	:	:	:

【Task3】 君の列で一番早く起きた人はだれで，何時に起きたか報告する文を書こう。

_____

【Task4】 他の列の友達と情報交換して，クラス一早起きだった人を突き止めよう。

_____

　使用するであろう言語材料から考えて，これは中学2年生対象の活動です。〈Ex.1〉の活動よりは高級で，連続する4つのタスクから構成された典型的なタスク活動（task-based activities）です。

　【Task 1】は，口頭での情報交換に先立ち，質問を読み，"I got up at 7:30." のように，自分自身について応答を書く活動です。次に，書いたことをもとに，聞き・話す【Task 2】のグループ内でのインタビュー活動に移ります。ここでは，生徒は席を立って，対話する相手を順次替えながら活動し（flexible pair work），結果を表に記入します。生徒はここで，"What time did you get up this morning?" などの質問を使うことになります。

　【Task 3】では，"Kenta got up the earliest in our group. He got up at 6:30." のように，インタビュー活動の結果，グループで一番早く起きた人はだれか，また，その人の起床時刻を英語で書きます。【Task 4】では，各グループ内で情報を得たうえで，他グループの生徒と，"Who got up the earliest in your group this morning? What time did he/she get up?" など，順次情報交換を行い，結果として，"Emi got up the earliest in our class today. She got up at six." のように，今朝クラスで一番早起きした人はだれで，何時に起床したのかが判明することになります。

　さて，以上2つの言語活動〈Ex.1〉〈Ex.2〉をみなさんはどう評価しますか。どちらも筆者の私自身がかつて考え教室で実践した活動です。ご遠慮なく問題点を指摘してみてください。

　【ここで小休止】―読み進む前に，「主体的，積極的にコミュニケーションを図ろうとする態度」とそれを支える「コミュニケーション能力」育成の観点から，両活動を検討してみてください。

3　よりコミュニカティブな活動考案の視点

　2で取り上げた言語活動を分析，検討するための視点として，以下に2つの図を示します。

（1）コミュニケーションの特性

　まず，ジェレミー・ハーマー（Harmer 1983）が，コミュニケーション過程を分析し，その特性を示した次の〈図1〉をご覧ください。

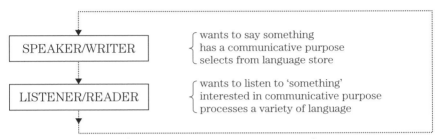

〈図1：The nature of communication〉

　情報の発信者である話し手，または書き手Ａは，コミュニケーションに際して，相手に何か言いたい（伝えたい）ことを持っています（wants to say something）。そして，Ａは密かなコミュニケーションの目的（communicative purpose）を持っているはずです。

　例えば，男子学生が女子学生に最近封切られた映画について，「監督，主演俳優はだれで，こういうストーリーらしい，制作費〇〇万ドルをかけた話題の超大作で，全米で興行記録を塗り替えたそうだ」などと説明しているとしましょう。表面的には，彼はその映画について自分の有する事実情報を伝達しているわけですが，内心は「そんなに素敵な映画だから，ぼくと一緒に行こうよ」と，思いを寄せる彼女をデートに誘いたいのです。彼の伝達目的はここにあり，invitation という機能（function）を遂行しているわけです。目的の成就を願って，彼は自分の持つ言語能力を総動員して，男仲間では滅多に使わないようなテレビや書物で仕入れたしゃれた言い回しなども駆使しつつ（select from language store），彼女の気を引こうと努めているのです。

> 　このように，発信者は，「伝えたい内容」と「伝達の目的」を持ち，そしてそ
> れを効果的に伝達するために「自分の言語のたくわえの中から必要な語彙や構
> 造を自ら選択」しながらコミュニケーションを展開するのです。

　情報の受信者たる聞き手，または，読み手Bの立場はこの裏返しです。A
の伝えようとする「何か」に関心を持ち，それを聞きたい（読みたい）と思わ
なければ（wants to listen to 'something'），また，薄々感じ取るAの秘めた
る目的に関心がなければ（interested in communicative purpose），コミュニ
ケーションは進展しません。上の例では，彼は見事に振られてしまうことにな
ります。この2つの条件が満たされるとき，Bは，Aの発信するさまざまな言
葉を一生懸命に頭の中でつなぎ合わせ，その意図を汲み取ろう（processes a
variety of language）と努めます。そして，彼女が，もし，I'm afraid　I'm
busy this Saturday.　But I have no plans for Sunday. とでも言ってくれれば，
A君のコミュニケーションは見事その目的を成就したことになるのです。

（2）活動分析の尺度

　以上のような実際のコミュニケーションの持つ特性を，英語教室で行う活動
に当てはめたのが下に示す〈図2〉です。左のボックスは，「コミュニカティ
ブではない活動」（non-communicative activities），右のボックスは「コミュ

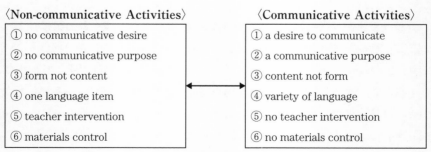

〈Non-communicative Activities〉

① no communicative desire
② no communicative purpose
③ form not content
④ one language item
⑤ teacher intervention
⑥ materials control

〈Communicative Activities〉

① a desire to communicate
② a communicative purpose
③ content not form
④ variety of language
⑤ no teacher intervention
⑥ no materials control

〈図2：The communication continuum〉

ニカティブな活動」（communicative activities）とそれぞれ両極を表してお
り，それを矢印（←→）でつなぐことで，活動の質的変化を連続（continu-
um）的に表しています。

　左右のボックス内には，それぞれの活動が持つ相互に対応する①〜⑥の６つ
の特性が記されています。これらの特性を尺度（規準）として検討することに
より，言語活動を質的に分析，評価することが可能になります。この図は，活
動がコミュニカティブであるか否かを測る「ものさし」として機能します。

　次に，ハーマーの取り上げた６つの特性について，ロッド・エリス（Ellis
1986）の解説（Criteria for evaluating how communicative classroom activi-
ties are）を引用し，若干の説明を補足しておきましょう。

① Communicative desire （伝達への意欲）

　The activity must create a desire in the students.　That is, even though
speaking is forced on the students, they must feel a real need to communi-
cate.

　参加する生徒にぜひとも伝えたい（知りたい）という強い思いや意欲（de-
sire）を抱かせる，これは「コミュニカティブな活動」の必須条件です。「コ
ミュニカティブではない活動」では，これがゼロということになります。

② Communicative purpose （伝達の目的）

　The activity must involve the students in performing a real communica-
tive purpose rather than just practicing language for its own sake.

　「コミュニカティブな活動」には，伝達の目的（purpose）が必要です。イ
ンフォメーション・ギャップを設定してそれを埋めさせることは目的設定とし
て効果的ですが，ここで，「伝達する情報の質」，つまり**「伝え合うメッセージ
の価値」**（the value of the message to be exchanged）が参加する生徒の de-
sire に火をつけるものであるかどうかを吟味する必要があります。

③ Content not form （言語形式より伝達内容重視）

　When the students are doing the activity, they must be concentrating
on what they are saying not how they say it.　They must have some 'mes-

sage' that they want to communicate.

　「コミュニカティブな活動」では，何を伝達するのかという内容（content）が，それをどのように伝えるのかという言語形式（form）よりも重視されるべきであり，生徒の関心も自然と伝達内容に注がれる活動であるべきです。この逆が，内容よりも構造の定着（form not content）をめざした「コミュニカティブではないドリル的な練習活動」というわけです。

④ Variety of language（**既習事項の総合的活用**）

　　The activity must involve the students in using a variety of language, not just one specific language form. The students should feel free to improvise, using whatever resources they choose.

　活動の中で参加者がどのような英語を使用するかという視点です。「コミュニカティブな活動」では，生徒は伝達目的達成のために，既習事項を総動員して必要な言語材料を自ら選択（select from language store）して使用します。一方，「コミュニカティブではない活動」では，定着をねらったひとつの目標構造（one language item）をもっぱら使用する（させられる）ことになります。活動で使用する英語を生徒自身が選択するか，それとも教師があらかじめ決定しておくかの違いです。

⑤ No teacher intervention（**教師の途中訂正**）

　　The activity should not involve the teacher correcting or evaluating how the students do the activity, although it could involve evaluation of the final 'product' of the activity when the activity is over.

　活動自体の質にかかわる他の5つの要素とは異なり，これだけは，教師の活動への関わり方，評価の仕方に関するものです。「コミュニカティブな活動」は，③で見たようにcontent not formの内容伝達中心の活動ですから，伝達に大きな支障をきたさないlocal errorsについては，いちいち活動を中断させて誤りを指摘して訂正させたりはしません。言語活動の評価のポイントと誤りへの対応については，第2章5（4）（pp. 59-61）をご参照ください。

⑥ No materials control（言語形式の制御）

　　The activity should not be designed to control what language the students should use.　The choice about what language to use should rest with the students.

　④の variety of language を「生徒・教師」から「活動で使用される英語」に視点を変えたもので，内容的には同じことです。「コミュニカティブな活動」では，伝達目的遂行のために生徒が使用する構造を指定することはしません。したがって，教師は生徒の発話を予測することはできても，特定することはできません。また，実際の発話も，生徒によって違ってくる可能性が大きくなります。リキャスト（recast）などの教師からのフィードバックは，即興での対応が求められるため，教師のより高い英語力と指導力が要求されます。一方，教師のコントロールの強い「コミュニカティブではない活動」では，使用する目標構造（one language item）を教師が決定するので，活動で生徒が行うインタラクションをほぼ完全に予測し，「模範解答」を作ることも可能です。

　言語活動再検討のため，活動自体の質の評価とは異なる⑤を除外し，重複する観点である④と⑥をまとめると，「よりコミュニカティブな言語活動設計のための留意点」は，次の１）〜４）の４つに整理することができます。

```
１）生徒の伝達意欲（communicative desire）を喚起する活動か
２）内発的動機づけを促す伝達目的（communicative purpose）はあるか
３）言語形式より伝達内容を重視（content not form）した活動か
４）使う英語を生徒自らが選択（select from language store）できる活動か
```

4　より実践的なコミュニケーション活動の創造に向けて

（1）言語活動の質的分析

　それでは，本章２で取り上げた従来型の２つのポピュラーな「言語活動」

（pp. 80-82）は，図2（p. 84）の continuum の矢印上のどのあたりに位置するのでしょうか。1）〜4）のスケールを使って分析，検討してみることにしましょう。

〈Ex.1〉 インフォメーション・ギャップ活動（pp. 80-81）

　カードにより設定されたインフォメーション・ギャップを埋めるという伝達目的が設定されていますが，きわめて人工的（artificial）な目的です。また，相手のことはまだしも，Sue や Tom などまったくの架空の人物がテニスをしようがしまいが，姉や妹がいようがいまいが，「それがどうしたの？（So what?）」と尋ねたくなる内容です。確かに情報交換は行われますが，「伝え合う情報の価値」（the value of information to be exchanged）が低すぎます。制限時間を決めて，立って活動させ，終われば着席させるなど，速さを競わせることで活動への参加を促す方法を使ったとしても，この内容を生徒が a desire to communicate を持って伝え合うとは到底思えません。実際，表面的には伝達活動の形式を装ってはいますが，伝達内容よりも，文法に適った言語形式（form）を使わせることに活動の主眼があるのは明らかです。この活動では，「三単現」という文法項目（one language item）の定着をねらっており，きわめて学習活動の色彩の濃い練習だといえます。これは，中学1年生向けの活動ですから，構造選択の余地が少なくても当然です。しかし，先にも触れたように，2枚の表を使ったこのような活動は高校生用や大学生用のテキストにも頻出する言語活動の代表的形式なのです。

〈Ex.2〉 タスク活動（pp. 81-82）

　この活動についても，もうおわかりの通りです。インタビューによるグループ調査という形を採りながら，伝達目的として自分より早く起きたクラスメートを探すという具体的なタスクを与えていますが，タスク自体に魅力がありません。やはりメッセージの価値が低いのです。生徒の伝えたいという意欲や願望（communicative desire）を刺激するに足る内容ではありません。「早起き結構。でも，だから何なの？（So what?）」と生徒たちが思った瞬間にこの活動は瓦解してしまうのです。一見，伝達内容重視を装ってはいますが，実際の

ところ，この活動を行わせている教師にとっても，生徒が何時に起きようが，だれが一番早起きしようが，学校に遅刻さえしなければどうでもよいことであり，教師の最大の関心事は，生徒の伝える内容よりも，実は不規則動詞の過去形や比較表現（○○ got up earlier than △△／○○ got up（the）earliest）を正しく使えるかどうかという構造の正確さ（grammatical accuracy）に置かれているのです。連続する4つのタスクを継続して行っていく活動ではありますが，生徒には表現形式選択（select from language store）の余地はなく，使う言語構造が教師によって完全に規定された one language item の活動になっていることがわかります。

このように見てくれば，日本の教室で従来行われている「言語活動」の多くは，84ページに示した図2の continuum の直線上では「最も左に寄った活動」，ハーマーやエリスに言わせれば，non-communicative activities（最もコミュニカティブではない活動）であるということになります。これらの活動だけでは，「主体的，積極的にコミュニケーションを図ろうとする態度」を育み，学習指導要領が求める場面や目的に応じて英語を活用できる「コミュニケーション能力」を養成するには，はなはだ不十分であると結論づけることができるでしょう。

(2) よりコミュニカティブな活動を創造する視点

日本の教室でよく行われている典型的な「言語活動」を例にとって，それらが意外にも「コミュニカティブではない」のだということを見てきました。中学1年生といえども，もはや幼児ではありません。「だからどうだって言うの？」，「それがどうしたの？」と，活動する生徒が伝達内容の価値（value）自体に疑問を抱いたとき，この種の活動の存在意義が根底から崩壊するときがやってきます。中学3年生や高校生ともなればなおさらです。生徒たちが他教科で学んでいることのレベルを考えてみてください。「馬鹿にするな！」と言われかねません。

　だからと言って，決してこれらの活動が不要であり，やめるべきだと主張しているのではありません。これらは，「基礎練」としての学習活動に伝達目的を与えることで，いわばコミュニケーションの味付けをした「応用基礎練習」（例えば，サッカーで2人1組になってインステップ・キック，ボレー・キックの基礎練をした後に，一人がコーナーキックを上げ，もう一人がゴール前に走り込んでボレー・シュートする練習を行うなど）に相当する活動であり，「より実践的な活動」（体育系クラブでいえば，他校との練習試合や公式試合）へとつなぐための必要かつ重要なひとつの練習段階なのです。つまり，その先に，より大きな価値ある目標が存在することが前提です。明けても暮れても目標のない基礎練の繰り返しで，対外試合の機会がなければ，単調で繰り返しの多い基礎練に耐えることはできません（第7章4（19），p. 214）。試合あっての基礎練，基礎練あってこその試合での勝利なのです。これらの「言語活動」は，ひとつの過程として必要な手段であって，最終目的ではないことに留意すべきです。このような活動のみを授業で実施し，「私は日々の授業に言語活動を取り入れ，コミュニケーションへの積極的態度と実践的能力を生徒たちに育成しています」と言ったとすれば，およそ言いすぎで「手段」と「目的」をはき違えているということになります。

　教室での活動においても，その先により実践的で，本当に伝えたいというdesire が起こり，タスクをなし得たときに，「英語を使って，こんなことができた！」という成就感・達成感を感じられるような，より実践的で真にコミュニカティブな活動が必要です。それがあってこそ，これらの基礎的な言語活動の意義も理解されるでしょう。

　今後めざすべきは，〈図2〉（p. 84）の continuum の「右寄り」の活動を授業に取り入れることです。学習指導要領も踏まえて，それを整理すれば次の①〜④のようにまとめることができます。

① 生徒が強い意欲と目的意識（a desire to communicate）を持って取り組める
活動
② 特定の文型・文法事項の練習にとどまらず，伝達目的（communicative pur-
pose）達成のために生徒自身が既習の言語材料から選択して（select from
language store）使用できる活動
③ 言語形式よりも伝達内容（content not form）を重視した創造的（creative）
な活動
④ 一部，即興の要素も含む，4技能5領域のいくつかを統合した活動

(3)「言語活動」と「コミュニケーション活動」

　この2つの用語は同じ意味で使われることが多いのですが，狭義にはこれを
別途に定義して使い分けることもあります。すなわち，従来型の言語活動（左
寄りの活動）のような，「目標とする文構造・文法事項（one language item）
を，目的を持って使用することによりその定着を促す活動」を狭義の「言語活
動」と呼び，右寄りの「既習事項を総動員（select from language store）して
行う総合的活動で，内容重視の創造的活動」を「コミュニケーション活動」と
呼んで区別する立場です。多くの場合，「読んだことを基にやり取りし，話し
たことを基に書いて，それを基にスピーチを発表する」など，複数の技能・領
域を統合した活動（integrated activity）であることもあります。
　後者のような「総合的・創造的・統合的コミュニケーション活動」にはどの
ようなものがあるか，具体的実践例を次に見ていくことにしましょう。

5　総合的・創造的・統合的コミュニケーション活動の事例

　ここでは，2つの実践例を取り上げます。ひとつは，日常の指導計画の中に
位置づけ，繰り返し継続して実施することによりその到達度を高めていく
「ルーティン・ワーク」（routine work）の事例，もうひとつは，数時間のプロ
グラムを立てて生徒に取り組ませる「プロジェクト・ワーク」（project work）

の事例です。後者は時間がかかるので，頻繁に行うことはできませんが，学期末や学年末など，一定期間の学習の最終目標（goal：めざす山の頂上）として位置づけ，生徒のチャレンジの場として設定するとよい活動です。（以下に紹介する2つの指導事例は，絶版となった樋口編著（1995：31-39, 120-125, 132-139）に新たな資料や解説も追加して大幅に加筆したものです。）

（1）ルーティン・ワークの事例—Original Skit Playing

　テキストの音読（reading aloud）や暗唱（recitation）は，外国語学習にとってきわめて重要な学習法です。しかし，英語が得意な生徒はともかく，残念ながら「音読や暗唱はきらい」という生徒も少なくありません。「音読や暗唱はテストみたいで嫌い」，「暗唱はすごく緊張するし，ポイントは完全に覚えているかどうかで，覚えているとすれば，発音がうまいかどうかを比べられるだけだ。全員が同じことを発表するのを聞いていてもおもしろくない。集中しろと言われてもやっぱり退屈だ」などというのがその理由のようです。また，暗唱は完全な教師のコントロールのもとに行われる information gap や choice の要素のない学習活動であり，本当の意味でのコミュニケーション活動ではありません。

　これを生徒にとって楽しくやり甲斐のある生き生きとした総合的，創造的で統合的な表現活動や伝達活動にする方策を考えてみましょう。

　総合的・創造的・統合的コミュニケーション活動を設計するうえで，大切な第一番目の視点は，「**教師による活動のコントロール**」（teacher's control）と「**生徒の自由度**」（students' creativity）のバランス，その「さじ加減」です。次ページに示す〈図3〉は，この両者を縦軸と横軸に取って表したものです。第2章5に示した授業設計を図示した「生徒に登らせたい山の図」（p. 50）を再度ご覧ください。〈図3〉の背景にめざすべき到達目標（goal）として，この山の絵を重ねて示しました。

　教科書準拠のCDの発音をまねて行う音読や暗唱は teacher's control が100%であり，students' creativity はゼロですから，この図表では，縦軸・横

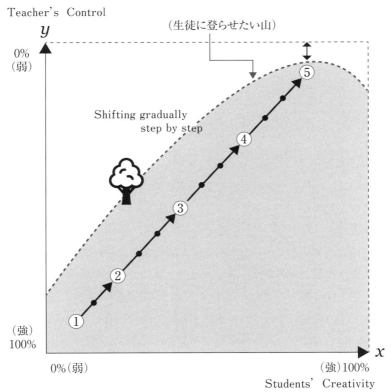

〈図3：教師のコントロールと生徒の自由度による活動のグレーディング〉

軸の交点の上に位置する学習活動です。図の①付近は，活動に対する教師のコントロールが強く生徒の自由度の少ない基礎的な学習活動です。図の右上の⑤に位置する活動，すなわち教師からのコントロールが少なく，生徒の自由度が高い実践的なコミュニケーション活動をめざそうというのが目標とすべき方向（生徒に登らせたい山の頂上）です。しかし，入門期の生徒に，「自分の好きなテーマを選んで，英語で自由にスピーチしましょう。OK? Let's begin!」と言ったところで，語彙や文構造，発音など言語材料のたくわえ（language store）のない生徒にできるわけはなく，挫折し，失敗体験から自信を失わせ

るのが関の山です。

　教師のコントロールを段階的に弱め，それと反比例させて生徒の自由度を徐々に高めていく（shifting gradually step by step），その「さじ加減」が指導の要諦です。長期的視点で生徒の学習段階に応じ，〈図3〉の①から⑤の領域に向かって，レディネスに配慮して段階的に活動の質を上げていきます。

　この観点から，段階的なスキット指導の手順を例として考察していくことにしましょう。

① どのような調子で言うか，音声表現を工夫しよう！

　音読練習で，教科書準拠のCDなどをまねて，ネイティブ・スピーカーの標準的な発音，リズム，イントネーションを練習し，身につけさせることは大切な基本練習です。しかし，同じ文を読むにしても，前後の文脈や話し手の気持ちによって，ストレスやイントネーションに変化が生じることを理解させることも，生きた言葉を実感させ，真の表現力を身につけさせるうえできわめて大切です。例えば，相手の誘いに対する "All right." や "Okay." という応答ひとつとっても，乗り気で積極的に承諾する場合と，否応なくしぶしぶ承諾する場合では，言い方がずいぶん異なるはずです。例えば，次のダイアローグの最後の "Okay, Mary." も二人の登場人物の人間関係，性格づけ，場面や状況の設定などの解釈が変われば，言い方も変わります。

Lesson23　「アメリカ村でショッピング」

昼食後，ヒロはメアリーを若者でにぎわうアメリカ村に連れて行きます。

　Hiro: This is Amerika-mura.

Mary: It's very crowded.

　Hiro: Yes. This is a famous shopping area.

Mary: Wow! These are my favorite characters!

　　　　And those T-shirts are nice! Let's go in!

Hiro: **Okay, Mary**.

（髙橋 2003, NHK ラジオ「新基礎英語1」5月号）

　準拠CDの音声は，あるひとりのネイティブ・スピーカー（または著作者）の標準的なひとつの解釈による発音例であって，絶対的なものではないということに気づかせ，生徒たちにダイアローグを自分なりに解釈させ，音声表現を工夫させれば，豊かな表現活動となるとともに，英文の内容理解も深まります。（同じ台本を与えても，それを演じる役者によって，人物像がまるで変わるのと同じです。）これは演劇で使われる「オーラル・インタープリテーション」（oral interpretation）と呼ばれる手法ですが，外国語学習にも有効に活用できます（近江1984）。ダイアローグ自体は与えられたものですが，音声表現に生徒が創造性を発揮する可能性が生まれ，〈図3〉の生徒の自由度がほんの少しですが，横軸の起点から右に移動し①のあたりに移ります。

② 実名を使おう！

　対話文のSueやTomなど架空の名前を使いながら，「アイ・コンタクト（eye-contact）を保ちなさい」と言っても不自然で無理な話です。「アヤ」に向かって"Sue."と呼びかけてもピンときませんが，"Aya!"と呼びかければ必ず振り向きます。ここで自然なeye-contactも生まれます。自分たちの実名や愛称を使う，ただこれだけのことでも，暗記して唱えるだけの英文が「生きた言葉」に生まれ変わります。対話文自体に変更を加えることで，自由度がまたほんの少し広がり，〈図3〉の②のあたりに活動が移動してきました。

③ 単語ひとつだけ換えてみよう！

　いよいよ本格的な対話文のオリジナル化に取り組ませましょう。ただし，最初は課題のハードルはできるだけ低く見せることがポイントです。「対話文の中の単語をどれかひとつだけ換えてごらん」と指示を与えます。「先生，ひとつだけでいいの？」，「もっとたくさん換えなくていいの？」などの反応が生徒から出てきますが，「ひとつだけでいいよ」と答えます。「ひとつだけ換えなさい」，ここがポイントです。「何だ，簡単じゃない！」と生徒は気軽に取り組みます。

　「ひとつだけ」と言われると，生徒はどの単語を換えようかと，対話文を何度も読み返し，ペア活動であれば，生徒間で話し合いが始まります。おもしろ

いもので，生徒たちは，必ずと言っていいほど対話文全体のキーワードになる
ような重要な内容語（content word）を換えてきます。そうすると，1語だけ
換えたことによって，話のつじつまが合わなくなり，他の部分も変更する必要
が生じることに気がつきます。この「気づき」（noticing）が大切なのです。
「先生がひとつだけ換えろって言うから換えてみたけど，ここも，あそこも換
えないと，話が通じないよ」という言葉が出てきます。それまで，1文単位で
しか見ていなかった生徒の眼が，文を超えて文脈（談話：discourse）を意識
し始めた「気づき」の瞬間です。

　Canale and Swain（1980）は，コミュニケーション能力を構成する能力とし
て，次の4つに分類しています。

> **コミュニケーション能力（communicative competence）**
> 1) **文法能力（grammatical competence）**：文法的に正しい理解可能な文を構成
>   する能力
> 2) **社会言語学的能力（sociolinguistic competence）**：丁寧さの度合いなど，相
>   手や場所，目的に応じて言葉を使い分ける能力
> 3) **談話能力（discourse competence）**：ひとつの話題について，文脈を維持し，
>   論理的にまとまりのある文章（談話）を展開できる能力
> 4) **方略的能力（strategic competence）**：コミュニケーションが頓挫した際に，
>   聞き返す，言い換えるなどの方略（communication strategy）を使ってコ
>   ミュニケーションを継続できる能力

　「単語をひとつだけ換える」という対話文のオリジナル化の体験を通して，
文と文とのつながり，話題の一貫性など1文単位を越えた文脈への視点が生徒
の中に芽生え，コミュニケーション能力を構成する重要な能力のひとつである
「談話能力」が育成され始めるのです。この能力は，脈絡のない1文ごとの和
文英訳練習をいくら積み重ねても決して育ちません。この能力は全国学力調査
でも極めて弱いことがわかっています（国立教育政策研究所 2003）。

　一見低いハードルに見える課題ですが，この活動では，生徒の自由度はかな

り増え，〈図3〉（p.93）の山頂に向かって③のあたりまで移動しました。
④ モデルの枠組みを使って，オリジナルの対話を作ろう！

　次は，モデルとして与えた対話文の枠組みを使って，ペアで知恵を出し合い，自由な発想で対話文をオリジナル化させます。以下に中学1年生の3学期末に行った実践例を示します。

〈Model Skit〉 "Whose birthday is it?"

　　John goes into the kitchen and talks to his mother.

John: What are you doing, Mom? Are you making a cake?

Mom: Yes. As a matter of fact, I'm making a birthday cake.

John: A birthday cake? But whose birthday is it?

Mom: Why, John! Don't you remember? Tomorrow is your sister's birthday.

John: Judy's birthday? What's the date tomorrow?

Mom: It's March 16th.

John: Oh, that's right! March 16th. It's Judy's birthday.

Mom: She always wants chocolate cake for her birthday. It's her favorite.

　このスキットをモデルに生徒が創作したオリジナル・スキットのシナリオ（次ページ）を紹介しましょう。シナリオの右欄の「演技・小道具」の項には，①で述べた音声表現（oral interpretation）の工夫も書き込ませました。

　これは，男女のペアが創作して熱演してくれたオリジナル・スキットです。結婚記念日（wedding anniversary）を毎年忘れる夫に愛想をつかした妻が預金通帳（手製の小道具）を持って，家を出て行くという，筆者にとってリアリティの強すぎる作品（？）で，仲間の生徒たち以上に ALT にも大いに受けた発表でした。妹の誕生日を夫婦の結婚記念日に置き換える中学1年生の豊かで奇抜な発想には脱帽するばかりです。フィクションではなくこの生徒たちの家庭でも，これに類する実話があったのかもしれません。

　スキット上演では，小道具を準備させたり演技や音声表現を工夫させたりすることで，単なる暗唱発表の域を超えた生きた言葉のやり取りが展開されま

〈生徒のオリジナル・スキット作品例〉

"What party is it?"

セリフ	演技・小道具
(A：Husband B：Wife) A: It smells good. Are you cooking dinner? B: Yes. As a matter of fact, I'm making dinner for the party. A: For the party? But what party is it? B: Why, Dear! Don't you remember?! 　 Today is <u>our wedding anniversary</u>!! A: Our wedding anniversary …? What's the date today? B: It's March 16th! A: Oh, that's right! March 16th … I'm sorry. B: I'll never forgive you! You forget it <u>every year</u>! I'm angry! I'll get out of here right now! Thank you for your kind help, Dear. A: Oh, leave me money!!	・夫が帰宅する（教室に入る） ・料理しながら，やさしく答える。（フライパンは調理室で借りる） ・妻，強い調子で夫を責める。 　（＿＿＿特に強く！） ・夫，困った表情でテレ笑い。あやまる。 ・妻，激怒！（＿＿＿強く！）預金通帳とバッグを持って，家を飛び出す。（廊下に出る） ・夫，あわてて追いかける。

〈オリジナル・スキット "What party is it?" を演じる中学1年生ペア〉

す。この活動では，教師のコントロールがかなり弱まり生徒の自由度が大幅に
増加して，〈図3〉（p. 93）の④付近，相当右上まで活動が上がって到達目標

（山の頂上）に近づいてきていることがおわかりいただけると思います。

⑤ 指定された表現をどこかで使って，オリジナルの対話を作ろう！

いよいよ最終段階です。といっても教師のコントロールを完全に失くしてしまうと，どんなスキットでもかまわないことになってしまい，チャレンジすべき学習課題が無くなり，生徒に「質的変容」（第5章 **1**，p. 149）が生じません。〈図3〉の山頂部分に ↕ で示したように，チャレンジすべき最小限度のコントロールは残しておいたほうが学習効果は上がります。（これを「寸止めの極意」と著者は呼んでいます。）

筆者の場合，モデル・スキットに出てきた使用頻度の高い有用な表現をひとつ指定し，それをどこかで必ず使用することをオリジナル・スキットの最終段階の課題としてきました。指定された表現を必ず使用することのみが教師からのコントロールで，スキットの内容はまったく自由です。

次は，1年次からオリジナル・スキットの発表を継続してきた生徒たちの中3・3学期末に行った発表例です。モデル・スキットは，1994年度から2001年度まで放送されていたNHKラジオ「英会話入門」から選びました。

〈Model Skit〉"Confrontation"

　シルビアに冷たくなったシドニー。2人の愛はもう続かないのでしょうか。シルビアは対決に出ます。

A: I never see you anymore.

B: You do. I'm right here.

A: You're so distant these days. What's going on, Sydney?

B: I can't see you anymore.

A: You can't?

B: My parents won't let me.

A: **I can't believe it.** Don't you love me anymore?

B: Sylvia, please! I'm just so confused.

（遠山顕 1995，NHK ラジオ「英会話入門」3月号）

スキット中，太字で示した"I can't believe it."（番組の「今日の表現」）を使うべき表現として指定しました。「こういう場面や状況，こういう文脈の中で，この表現が使われます！」というダイアローグを，個性・創造性を発揮してペアで創作し，表情豊かに動作を付けて演じることが生徒たちの取り組む課題となります。

次に示す例は，男女のペアが創作して演じてくれたスキットの一例です。運転免許を取ったばかりの若者（A）が，意気揚々と彼女（B）をドライブに誘いますが……。

〈生徒のオリジナル・スキット作品例〉

A: I bought this car. I want to drive with you.

B: Me, too. It's very nice!

A: Let's go!（ドアを開けて車に乗り込む。A はハンドルを握って運転する演技を行う。）

B: I didn't know that you can drive a car.

A: You didn't?

B: When did you get the driver's license?

A: Yesterday.

B: What?

A: I got the driver's license yesterday. So this is the first time for me to drive a car.

B: **I can't believe it.** Are you all right?

A: Of course! Don't worry. I'm a very good driver.

B: I have a bad feeling … .（少し間を置いて）

　　Look at the front! There's a man!

A:（急ブレーキを踏む。）Oh, no!!

　　（頭を抱えて）I've killed a man … . I'm so confused.

B:（小声で）Look. He didn't die yet!

A: **I can't believe it.** He's standing! It's a miracle!

B: He didn't get hurt. It's very strange! Is he a monster?

A: Ohhh, he's Frankenstein!

B: **I CAN'T BELIEVE IT!**

　内容的には，まったくのオリジナルですが，指定した "I can't believe it." を3回も使っています。最後の「オチ」で使っているところも見事です。今回指定した表現だけでなく，モデル・スキットに出てきた I'm so confused. も使い，また，過去に指定表現として学習した I have a bad feeling. や It's a miracle! などの表現も積極的に使用しています。

〈オリジナル・スキット "I can't believe it!" を演じる中学3年生ペア〉

　この段階では，教師のコントロールはほんの少しとなり，ほとんどが生徒の創造性にゆだねられています。〈図3〉(p. 93) の山の頂上⑤付近に到達し，活動の質が段階的に上がってきたことがおわかりいただけると思います。

　以上，「教師のコントロール」と「生徒の自由度」のバランスをとりながら，長期的視点に立って活動の質的グレーディングを高めていく指導事例として，「オリジナル・スキット・プレイングの指導」を概観してきました。

　暗唱の発表とオリジナル・スキットの発表では，生徒の学習負担は後者のほうがはるかに大きくなります。それにも関わらず，アンケート調査では，オリ

ジナル・スキットのほうが楽しいという生徒が 80% を超えました。次は，スキット支持派生徒の自由記述による回答例の一部です。（下線は筆者。）

- ・暗唱は全部同じで退屈だけど，友だちがどんなことを言うのかなと<u>楽しんで集中して聞けるし</u>，<u>いい発表を聞くと次は超えてやるぞとふるい立つ</u>。
- ・協力して，どうしたらみんなにわかってもらえるか，どうしたらウケるか工夫するので，みんなにわかってもらえて，<u>ウケたときの気分は最高！</u>
- ・暗唱発表はテストみたいで嫌い。自分で考えた文は覚えやすいし，発表のとき，<u>ド忘れしても，意味を取りつくろってアドリブでごまかせる</u>。

　最後の回答の「ド忘れしても，意味を取りつくろってアドリブでごまかせる」というのは，相当なコミュニケーション能力といえます。これは，先に見たコミュニケーション能力の中の「方略的能力」であり，忘れたらアウトの暗唱発表では決して養うことのできない実践的な即興でのコミュニケーション能力です。もちろん，トンチンカンなことを言えば，間違ったことが聴衆にばれてしまいますので，瞬間的に脈絡を維持しなくてはならず，「談話能力」もあってこそできる芸当です。

(2) プロジェクト・ワークの事例－「記者会見からニュース生中継へ」
Role Play: From Press Conference to News Casting

　（1）で紹介したオリジナル・スキットの発表は，例えば，教科書の偶数レッスンが終わったところで，教科書の対話文をモデルとして行うなど，日常の指導計画の中に位置づけて実施できる活動です。次に，数時間の計画の下に実施するプロジェクト・ワークの事例を紹介しましょう。このような活動は，スキットのように定期的に繰り返し実施できる活動ではありませんが，例えば学期末や学年末などに実施すれば，生徒にとってはそれまでの学習の成果を総合的に活用してチャレンジする課題として，教師にとっては，一定期間の生徒の学習の成果を絶対評価するための課題として活用できます。

　ここでは，中2・2学期に行ったプロジェクト・ワークの事例として，有名

人の「記者会見」とそれを基にニュース原稿を執筆してTVで「生中継」する
ロール・プレイ（role play）の実践事例を紹介します。

① 生徒をその気にさせる音読の工夫

　教科書（*Everyday English 2*）のあるレッスンで，"The Six O'clock News"
という題材を学習しました。準拠テープには，ニュース番組の開始と終わりの
音楽とともに，いかにもニュース・キャスターらしい音読モデルが収録されて
いました。「これはいい！」ということで，このテープをモデルとして，個人
の音読テストを実施することにしました。ただし，92ページでも述べたよう
に音読が好きではない生徒も少なくありません。なんとか本気になって一生懸
命音読に取り組ませたい。そこで，次のような設定を考えました。Ｔ：「次回
は，教科書本文を使って，一人ずつ全員を対象にニュース・キャスター適正テ
ストを行う！」－Ｓ：「先生，暗唱してこないといけないの？」－Ｔ：「いや，暗
唱しなくていい。教科書は前に置いておく。でも……」と次のような場の設定
と活動の目標（評価規準）を提示します。

・「ニュース・キャスター」のプレートを教卓上に置き，マイクとスピーカーを
　使って声を拡声する。ニュース放送生中継のつもりで行うこと。
・テキストは見てもかまわないが，終始下を向いて原稿を読んでいるのでは
　ニュース・キャスターは勤まらない。チラッと見て，顔を上げて，カメラ目
　線で話すこと。生中継なので，何度も原稿を読み間違ったり，途中で詰まっ
　たりするようでは失格！　お引き取りください。
・視聴者にチャンネルを変えられるような，うっとうしい読み方ではクビ。聞
　き手に心地よい読み方ができるよう練習しよう。また，テレビ放映なので，
　いい表情で読もう。「愛想笑い」のひとつもできないとダメ！

　このような努力目標を与えて，個人音読テストを実施したのですが，仕掛け
はまんまと図に当たり，たったこれだけの場面設定で，生徒たちは実に真剣に
音読発表に取り組みました。「暗唱しなさい」と強制すると嫌がるのに，「しな
くてもいいよ」と言うとするのです。中には最初にテキストをチラッと見ただ

けで，最後までテキストに目を落とすことなく言い終える生徒もいて，仲間から拍手喝さいを浴びていました。口には出しませんでしたが，内心，「これだけのことでここまでやるか？　まだまだ子どもだな！」と思ったものです。（この方法は神奈川大学の一般英語の授業でも試しましたが，中学生に限らず大学生も同じように真剣に取り組みました。純な学生たちです。）

② **活動のブレーン・ストーミング**

　退屈になりがちな音読も少し工夫を加えることで，生徒をその気にさせ，夢中にさせることができました。ただし，これはあくまでも学習活動としての音読です。「テレビ生中継のつもりでやれ」と言っても，「つもり」は所詮「つもり」に過ぎません。そこで，この場面設定や仕掛けを生かした本格的なコミュニケーション活動はできないだろうか，と考えました。

　活動設計のアイデア構築のために私自身が行った「ブレーン・ストーミング」（brainstorming）は次の通りです。

- ・「つもり」ではなく，ビデオカメラを使って，ニュースを教室のテレビで実際に生中継してやろう。生徒はさらに意欲的に取り組むはずだ。
- ・与えられたニュースを読むのではなく，自分たちで独自にニュース原稿を書かせたい。
- ・ニュースを作るには取材が必要だ。しかし，校外に生徒を出して取材させることは，指導上はもとより安全管理上無理である。
- ・生徒をサポート指導できる教室内で「ロール・プレイ」として取材のシミュレーションを行わせよう。どんな形式があるだろうか？
- ・「記者会見」（press conference）がある！…グループごとに有名人を選び，その有名人の役を演じる生徒に対して，他のグループが記者団となって，英語で質問し，メモをとる。（学校にはたくさんのマイクと講堂にはレクチャー・アンプもあり，記者会見のために借用できる。）そして，とったメモをもとにニュース原稿を執筆し，ニュース・キャスター役の生徒が代表してニュースを伝え，それを教室のテレビに同時生中継する。

（一連の活動の構想が決定！）

③ グループ活動の役割分担

　クラスを5人からなる8グループに分け，次の図のように，どのグループも2回活動し，相手グループの有名人に対して取材をする記者団の役割と，取材を受ける有名人の役割をそれぞれ担当します。

```
┌─────────────────────────────┐
│           Group1    Group2   │
│ Round 1:  記者団 → 有名人    │
│              （取材）        │
│ Round 2:  有名人 ← 記者団    │
└─────────────────────────────┘
```

　この記者会見を充実したものにするには，各グループで取材をしたり，取材を受けるための準備が不可欠です。また，グループ活動を行う際，生徒指導上大切なことは，「生徒一人ひとりに何らかの役割を与え，自覚と責任を持って活動に参加させること」です。これは「グループ活動・指導の鉄則」です。責任感を持った個人がそろってこそ真の協力が生まれます。責任分担や役割が不明確な場合には，下手をすると英語が得意な生徒に任せきりにしてしまったり，最悪の場合には，一番力の弱い子にすべてを押しつけてしまうなど，いじめの原因を作ることにもなりかねません。そこで，5人のメンバー（生徒A～E）に次のような役割を与えます。

〈グループ内での生徒A～Eの役割〉

A：記者1―他グループから取材を受けるときには，グループを代表して「有名人」の役を演じる。

B：記者2―「質問リスト作成キャップ」として，質問事項作成のまとめ役を兼ねる。

C：記者3―「取材キャップ」として，記者団のリーダーとして，記者会見で最初の質問をするとともに，取材メモの整理役を兼ねる。

D：記者4―「記者会見対策ブレイン」として，他グループからの公開質問状に対する応答のまとめ役を兼ねる。

E：司会者―「編集デスク」として，ニュース原稿のまとめ役を兼ねるとともに，ニュース・ショーでは「キャスター」の役を演じる。

④ 活動のプランニングとその概要

　記者会見からニュース・ショーまでの，このプロジェクト・ワークに7時間を配当しました。指導計画および各時間の主な内容は次の通りです。

第1時 （20分）	〈Guidance & Group Meeting〉 活動内容と計画を説明し，グループで演じる「有名人」と5人の役割分担を相談させる。また，授業終了時に各自が推薦する「有名人」の資料（新聞や雑誌の切抜きなど）を持参するよう指示する。
第2時	〈Group Meeting—Preparation ①〉 グループで「有名人」を決定し，人物名および資料を相手グループと交換する。その後，記者会見でその人物に質問したい事柄を協力して考え，所定の用紙を使って「質問リスト」を作成する。
第3時	〈Group Meeting—Preparation ②〉 教師の助言も適宜受けながら，「質問リスト」を完成させるとともに，最後の3つの質問を伏せた「公開質問状」を作成して相手グループと交換し，グループ内で協力して質問への応答を考える。
第4時	〈Group Meeting—Preparation ③〉 「公開質問状」への応答記入を完成させるとともに，「ぶっつけ質問」で尋ねられそうな質問を予測し，対策を立てる。また，「記者会見の進め方マニュアル」を参考に，グループ内で記者会見のリハーサルを行う。
第5時	〈Role Play Ⅰ—「記者会見」本番（録画撮り）〉 記者は「有名人」の応答をよく聞き，「質問リスト」のメモ欄に日本語または英語でメモを取る。出番以外の生徒は，他グループの活動を参観し，所定の評価用紙に評価とコメントを記入する。
第6時	〈Group Meeting—Preparation ④〉 「ニュース原稿作成マニュアル」による教師の指導をふまえて，4人の記者の取材メモをもとに，各グループで協力してニュース原稿を作成し，ニュース・キャスティングのリハーサルを行う。
第7時	〈Role Play Ⅱ—「ニュース・ショー生中継」本番（録画取り）〉 教室内に「仮説スタジオ」を設営し，各グループのキャスター役の生徒が，グループで協力して作成したニュース原稿を生中継でテレビ放映する。他の生徒は，テレビ画面を見ながら所定の評価用紙に評価とコメントを記入する。

　なお，第8時の前半に各クラスから選んだ優秀グループの会見とニュースの録画ビデオを教師の講評も交えながら鑑賞しました。こういう大きな活動を行

う際には，生徒の活動をビデオ撮影し，よかったグループの作品を鑑賞する機
会を，クラスを超えて与えることは，生徒たちの目標となるとともに，選ばれ
た生徒たちには大きな達成感を与えることができます。また，後輩生徒や保護
者集会などで見せるのも動機づけや学校教育の理解に役立ちます。

（3）Role Play Ⅰ：「記者会見」の活動設計と指導上の留意点

① 活動の質的グレーディング―第二の視点

　さて，オリジナル・スキットの指導では，活動の質的グレーディングを行う
重要な視点として，「**教師のコントロール**」と「**生徒の自由度**」について詳し
く考察しました。ここでは，もうひとつの大切な視点を見ておきましょう。

　それは，「準備」（preparation）と「即興」（improvisation）です。「準備」
とは，おわかりのように，活動に先立って生徒たちがどの程度準備できるか，
ということです。しっかりと準備できればできるほど，生徒たちは自信を持っ
て活動に取り組めますし，到達度も当然高くなります。しかし，100% 完璧に
準備したとすると，ライティングの活動としては有効ですが，オーラル・コ
ミュニケーションの「聞き」「話す」活動にはなりません。例えば，生徒にス
ピーチの原稿を書かせ，教師が添削を施して訂正させ，生徒はその原稿を完全
に暗唱して発表する prepared speech は，書くことが主体の活動であり，話す
ことの実践的活動とはいえません。学習指導要領でも求められているように，
「聞き」「話す」ことのコミュニケーション活動には，その場で聞いて即座に対
応する「即興性」が必要です。だからと言って，なんの準備もなしに，英語で
の記者会見をすべて即興でやれと言っても，これは大学生でも無理な話です。
そこで，学習段階に応じた「準備」と「即興」の「さじ加減」が重要になって
くるのです。次ページ〈図4〉の①から②に向かえば向かうほど準備できる割
合が少なくなる分，即興性が高まり，より実践的な活動となります。ここで
も，長期的視点に立って，学習段階に応じ段階的に移行を図ることが大切なの
は〈図3〉（p. 93）の場合とまったく同様です。

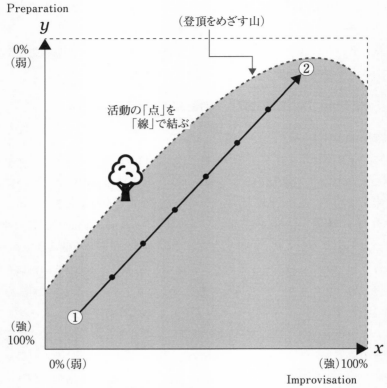

〈図4：準備と即興の比率による活動のグレーディング〉

②「ぶっつけ質問」で実際の会話に近づける

　記者会見のロール・プレイでは，国会質疑などと同様に，事前に「公開質問状」を作成して相手グループと交換させることにより，相手グループの生徒たちは5人で相談・協力して，有名人役の生徒が答える応答を十分吟味して準備，作成することができます。この時，教師はグループごとに机間指導を行い，生徒の求めに応じて個別指導を行います。指導に際しては，できるだけ既習の構造や語彙を使いながら，生徒たちの身丈に合った，自信をもって使え，相手グループの生徒たちにも理解できる表現を使いこなせるよう指導すること

で，生徒の「方略的能力（strategic competence, p. 96）の育成をめざします。

　この「公開質問状」の事前交換は，「準備」を可能にしてくれますが，すべての質問を公開し，すべての応答を事前に準備したのでは，「即興性」がゼロとなり，生徒にとって挑戦のしがいがなく，実際の言語使用からもかけ離れたものになってしまいます。そこで，合計8つの質問のうち，最後の3つは事前に相手に公開しない「ぶっつけ質問」（Q's for impromptu response）とし，即興で対応しなくてはならない部分を活動の中に組み込んでおくのです。

　次に掲載するのは，相手グループに渡した有名人への「公開質問状」（p. 110）と取材時にメモを取るための「質問リスト」（p. 111）です。

【ここで小休止】

　─読者のみなさんなら，この2つのプリントをどのような書式にしますか？まず，ご自身で考えてから，これ以降を読み進めてください。）

　「公開質問状」（p. 110）には，あらかじめ記者グループの生徒たちが協力して用意した応答が書き込まれています。一方，記者たちの持つ「質問リスト」（p. 111）には，有名人の記者会見での応答を受けて記入したメモが残っています。見開きで掲載する2つのリストを対比してご覧ください。

　取材を受ける有名人は，既に現役を引退しましたが，ブラジル出身で，1989年に日本に帰化して日本国籍を取得し，サッカー日本代表チーム主将も務めたJリーグ・ベルディ川崎（当時）のラモス選手です。

Press Conference Question List (1)

<記者会見公開質問状：相手グループ事前通知用>

Questions to _____ Mr. Ramos _____ of Group (/)

★ Chairperson ( )
★ Reporters ( )

公開質問1. (Reporter:)
When did you begin soccer?
Answer.
I began soccer when I was very very small boy.
Maybe I was about four or five years old.

公開質問2. (Reporter:)
When you were young who was your coach?
Answer.
My brother was. He was very good player and a great coach.

公開質問3. (Reporter:)
When did you come to Japan and what is your first impression of Japan?
Answer.
I came to June 1977. "Then I said, 'Japan is very active country.'" My town is small town and quiet. Both surprised

公開質問4. (Reporter:)
Why did you become Japanese? Don't you like Brazil?

Answer.
I stayed Japan so long time but I was in Brazil until
Japanese National
I like Brazil very and I don't forget my life in Brazil.

公開質問5. (Reporter:)
How many do you get from the TV commercial?
Answer.
It is secret. But my life became a little rich.
I'm grateful to everyone.

ふたつめ質問（考え2～3の質問）は secret questions です。機嫌応変にその場
できちんと切り抜けましょう。ここからが会見者の腕の見せどころです！）

●相手の質問しそうなことを予測し、その質問がズバリ出たら答えられるように。
みんなで予想を出し合い、対策を練ってきこう！

I like ～ ～an pardon ～ごめん
please, speak slowly ゆっくり
ヒット オブ プレー ですか
ハフ… スパッと でも
いつ日本に…ですか

I'm not sure but I can't go soccer a few more...
I'm sure to find my dream in painting

Press Conference Question List (2)

<記者会見質問リスト：自グループ取材用>

Questions to ___Mr Ramos___ of Group (/)

★ Chairperson (_____)
★ Reporters (___ , ___ , ___ , ___)

公開質問1. (Reporter:)
When did you begin soccer?
Memo. 小学生に… 4,5才.

公開質問2. (Reporter:)
When you were young
Who was your coach?
Memo. お父さん

公開質問3. (Reporter:)
When did you come to Japan and
What is your first impression of Japan?
Memo. 16 (1977) 回 small
(1985) active country [quiet]

公開質問4. (Reporter:)
Why did you become Japanese?
Don't you like Brazil?
Memo. 星の国 … 日本のセントゲ中がいう… にいた。
ブラジルには行こう… 来ることができない。

公開質問5. (Reporter:)
How many do you get from the TV commercial?
Memo. プレッシャー ビミョウ年収注にという?

公開質問6. (Reporter:)
How long do you practice soccer in a day?
Memo. 5~6時間

公開質問7. (Reporter:)
Where does your great power come from?
Memo. 気持ち. 75

公開質問8. (Reporter:)
When you retire from soccer team
What do you want to do?
Memo. あと去ウ少レでどう? (高ぎりあとくらい) りにはまだてる
サッカーコーチ

③ 質問の内容・順序を工夫させる

　質問リスト作成に際しては，質問したい事項を，5W1Hを中心に多めに考えさせます。次に，記者会見後のニュース原稿の執筆も念頭に置き，質問数を8つに整理しながら，質問相互の関連性や発展性を考えて精選し，その順序を決定させます。

　この指導はきわめて重要です。というのは，子どもというものは，いたずら心が旺盛ですので，こういう場合，「ぶっつけ質問で，相手の予想をはずすような予測不能な突飛な質問を浴びせて，会見者を立ち往生させてやろう」などと考える生徒が必ず出てくるからです。しかし，活動は「記者会見」で終わりではなく，そのあとに「ニュース原稿執筆」と「ニュース生中継」が残っていることを意識させます。

　「相手を困らせてやろうなどと考えて，意地悪をして喜んでいると，結局最後に困るのは自分たちだよ。相手の予想の裏をかくような関連性のない突飛な質問，断片的な質問を重ねて，得た情報をつなぎ合わせてもまとまりあるニュースは決してできないよ」と指導します。これが抑止力となり，よりよい質問の作成と，ひいては「まとまりのあるニュース」という良質のアウトプットを生み出すことにつながります。このようなライティング指導が談話能力の育成につながります。

④「記者会見の進め方マニュアル」を与える

　司会者（chairperson）役の生徒に，「英語で記者会見を進行しなさい」と言っても，どのように進めていいのか生徒は途方にくれるばかりです。教えなければできないことを教えるのは教師の責任。指導すべきことがらは指導し「変容」を促したうえで，生徒たちの創造性にゆだねることのできる部分は思い切って任せる，この判断が大切です。

　各グループで記者会見のリハーサルを実施する前に，次のようなマニュアルを与え，司会進行を円滑に進める手順とそこで必要な英語表現を指導し，read and look-up ができる程度にまで練習させます。

How to Begin and End the Press Conference
（記者会見の進め方マニュアル）

司会者：Now, we'll begin the press conference with Mr. / Ms. ○○.

会見者：Hello, everyone. It's nice to be here.

司会者：（記者団に向かって）Do you have any questions?

記者1：（挙手）

司会者：OK. Mr./Ms. ＿＿＿＿＿ , please.

記者1：（会見者に向かって，大きな声ではっきり質問する。）

会見者：（記者に向かって，質問に答える。）

　　→記者は応答をよく聞き，全員自分の持つ質問リストにメモを取る。

司会者：Any other questions?

記者2：（以下，同様に進める。）

　　　　　　　　　⋮

司会者：（自分のグループの最後の質問を受ける前に）

　　　　We're running out of time. So the next question will be the last.

記者4：（最後の質問をする。）

会見者：（最後の質問に答える。）

司会者：OK. This is the end of the press conference.

　　　　Thank you very much, Mr. / Ms. ○○.

会見者：You're welcome. / My pleasure.

⑤ AV 機器を活用し，リアルな雰囲気を作る

　音読指導のところでも述べたように，生徒はちょっとした小道具や衣装でその気になるものです。

　テレビに出演してみたいという生徒の夢をとらえて，AV 機器を効果的に活用すれば効果は抜群です。記者会見場を次ページの写真のように，レクチャー・アンプとテーブル付きの椅子で設営し，記者や司会者にはワイヤレス・マイクを持たせてやると，会見場らしいリアルな場を容易に作り出すこと

〈記者会見の様子—ちょっとした環境作りも大切—〉

ができます。記者会見の様子をビデオ撮影してあげれば，一層緊張感が漂うリアルな雰囲気になり，生徒たちの意気込みは自然と高まります。

　会見後のニュース放映でも同様に，教室内に仮設スタジオを設営します。これは，120ページの写真（右）のように，教室のカーテンをはずして出入り口の戸に留めて背景とし，教卓にテーブルクロス代わりにやはりカーテンをかけて，マイクとプレートを置いただけの実に簡単なものですが，生中継で教室のテレビに映し出されると，写真（左）のように本物のテレビ・ニュースそっくりのリアルな画面を演出できます。粗末な設備と本物そっくりの画面，この落差が生徒たちを楽しませます。

⑥「記者会見」の様子

　記者会見は，リアルな環境作りの効果もあって，大いに盛り上がりました。同じグループの司会者の進行で，記者役の生徒たちは質問リストを片手に次々と質問し，有名人の応答に熱心に耳を傾け，聞き出した内容を熱心にメモしていきます。有名人役の生徒も，あらかじめ答えを準備して練習した前半の公開質問には，記者の顔を見ながら堂々と答えます。手元に応答を書き込んだ公開質問状を持っているのですが，下を向いてそれを読む生徒はほとんど見られません。「評価用紙」のパフォーマンスに関わる「会見者は，司会者や記者の方に向かって堂々と会見に応じていたか？」という評価規準が効いているからで

す。また，ぶっつけ質問では緊張しながらも必死に応答を試みます。

　聴衆の生徒たちは，しゃれたユーモラスなやりとりには笑いを，「ぶっつけ質問」に対する内容ある応答には，自然と賞賛の声をあげて興味深く熱心に見入っていました。

　次に，先ほど「公開質問状」と「質問リスト」を掲載したラモス選手への記者会見の様子を，録画ビデオから書き起こし，生徒たちの発言のまま示します。

司会者：Now, we'll begin the press conference with Mr. Ramos.

ラモス：Hello, everyone.　It's nice to be here.

司会者：Do you have any questions?　OK.　Mr. K, please.

記者1：When did you begin soccer?

ラモス：I began soccer …, I began soccer when I was a very small boy. Maybe I was about four or five years old.

司会者：Any other questions?　OK.　Ms. T, please.
　　　　（以下，司会者による指名は省略）

記者2：When you were young, who was your coach?

ラモス：My brother was.　He was a very good player and a great coach.

記者3：When did you come to Japan and what is your first impression of Japan?

ラモス：I came here in 1977.　Then I said, "Japan is very active country." My town is small and quiet.　So I was surprised.

記者4：Why did you become Japanese?　Don't you like Brazil?

ラモス：I stayed Japan long time and …　I was in love with Japanese woman.（聴衆から笑いもれる。）I like Brazil very much.　I can't forget my life in Brazil.

記者3：How much money do you get from the TV commercial?

ラモス：It's secret.　But my life became …, my life became a little rich.　I'm grateful to everyone.

――これより，「ぶっつけ質問」に入る。――

記者2：How long do you practice soccer in a day?

ラモス：Hmm …, I practice …, I practice soccer … four … or five hours.

記者1：Where does your great power come from?

ラモス：（予想外の質問に意味が理解できない様子）I beg your pardon?
　　　　まさか問い返されるとは思ってもいなかった記者1は「え〜!?」と
　　　　パニックに陥る。となりの記者3が「もういっぺんたずねろ，もう
　　　　一回」とアドバイスする。

記者1：（ゆっくりと）Where does your great power come from?

ラモス：（やはり意味がつかめない。）Please speak slowly.

　　ここで，教師が助け舟を出す。

　　T：He spoke slowly.（ジェスチャーも交えながら）You have great
　　　　energy, power. Where does your GREAT POWER come from?

ラモス：（ようやく質問の意味を理解して，文にはならないが単語で応答す
　　　　る。）My wife …, and my friends.（聴衆から笑い声が起こる。）

司会者：We're running out of time. So the next question will be the last.
　　　　OK. Mr. Y, please.

記者4：When you retire from the soccer team, what do you want to do?

ラモス：（この質問は予想していなかったようで最初は戸惑うが，「いつ引退
　　　　するつもりか？」という予想した質問への応答の心準備が役立ち話
　　　　し始める。しかし，最後は不定詞がとっさに出ず誤文で終わる。）
　　　　I'm not already young, but I can play …, I can play soccer a few
　　　　years. *I want to …, I want to … a soccer coach.（不定詞は2年生
　　　　になって既習だが，とっさにI want "to be" が出なかった。「理
　　　　解」はできていても「習得」には至っていない証拠。）

司会者：OK. This is the end of the press conference. Thank you very
　　　　much, Mr. Ramos.

会見者：My pleasure.
　　　　（聴衆から大きな拍手。）

(4) Role Play Ⅱ：「ニュース生中継」の活動設計と指導上の留意点

　第6時には，記者会見の取材メモに基づいて，グループ全員で協力してニュース原稿を執筆します。ここでも，次ページのような「ニュース原稿作成マニュアル」を配布し，ニュースの始め方と終わり方を示すとともに，和英辞書に頼らずに，自分たちの「身丈にあった」できるだけ易しい単語や表現を使うことを奨励します。また，生徒からの求めがあれば，個別に助言を与え，「方略的（strategic）能力」の伸長をサポートします。このような個別指導は，オリジナル・スキットの創作過程においても重要です。コミュニケーション上のニーズが生じたときに指導した表現は，たとえ，それが未習の文法構造であっても，内発的なニーズがあるだけに生徒に定着します。また，記者会見で得た情報を単に羅列するのではなく，どのように文を並べ，相互に関連づければわかりやすく，まとまりのあるニュースになるか，文章の構成を工夫させることで，「談話（discourse）能力」の育成を図ります。

　119ページには，先ほどのラモスへの記者会見で4人の記者が取ったメモに基づいて生徒たちが作成したニュース原稿を掲載します。「ニュース原稿作成マニュアル」も参考に，ところどころに記者やキャスター自身の感想やコメントも織り交ぜながら，まとまりある文章でじょうずに書かれています。記者会見の「ぶっつけ質問」で会見者が即興で使った単語文や誤文も，時間をかけた十分な文法的モニタリングを経て，正しい文に書き改められています。

　なお，記者会見，ニュース・ショーともに，専用の評価用紙を配布し，自己評価（self-evaluation），相互評価（peer evaluation）を行わせました。筆者はこのような場合，常に次の3つの観点を評価規準として設定し，A°，A，B，Cの4段階で評価させることにしています。

① Language（文法，語彙，発音など英語自体の正確さ）
② Content（伝達内容の豊かさ）
③ Performance（コミュニケーションへの積極的態度，伝達上の工夫）

ニュース原稿作成マニュアル

〈Music〉

　This is the Ten O'clock News.　Good evening.　I'm （ニュースキャスターの氏名）.　Today's news story is about （会見者の氏名など）.

ニュースの内容（英文 10〜15 文程度にまとめる。）

This is the end of the news.　Good night,everyone.　See you tomorrow.

〈Music〉

◆執筆上の留意点◆

・ニュース・トピックの紹介では，可能な限り，名前だけでなく，次の例のようにどのような人物かわかるように説明しよう。

　　例．Today's news story is about Mr. Alcindo of the Kashima Antlers.
　　　　〜about Mr. Nomura,the manager of the Yakuruto Swallows. etc.

・難しい単語の使用をなるべく避けて，みんなで知恵を出し合い，できるだけ易しい単語や表現で書いてみよう。（キャスターが自信を持って読める原稿，視聴者の友達に理解してもらえる英語をめざそう。先生に積極的に質問しよう。）

・事実の列挙ではなく，内容的なまとまりと構成を考えよう。（段落を作ろう。文と文とのつながりを考えて，接続詞や副詞をうまく使おう。）

　×　He was born in New York.　His father was a salesman.　He has four children.　His hobby is *bonsai*.　He came to Japan ten years ago. ……

　○　He was born in New York.　When he was a little boy, he was not interested in baseball.　He began to play after he enterd high school.　At first he was not a very good player.　But he practiced very hard day after day, and ……

Ten O'clock News —News Story—

Class (2 - B), Group (　　), Newscaster (　　　　　　　　　)

This is the ten O'clock news.
Good evening. I'm Etsuko Kashino.
Today's news story is about Mr. Ramos,
*) a famous soccer player of the Verdy Kawasaki.
He began soccer when he was a
little boy. His coach was his brother.
He practiced very hard.
When he was twenty years old in 1977.
He came to Japan.
He became Japanese because he was in love
wish a Japanese woman.
But sometimes he remembered his life in Brazil.
He practices five or six hours in a day.
If all the people do it, they are very very
tired. His great power comes from his friends
and his lovely wife.
I want him to show us his excellent
plays.

This is the end of the news
Good night everyone
See you tomorrow.

CHECK
93.11.11
高橋

[* He is a very good player and he is
very popular.]

（左：テレビ画面）　　　　　（右：仮設スタジオ）

〈ニュース・ショー生中継の様子〉

　117 ページの 3 つの観点を指導要領のような抽象的な文言ではなく，それぞれの活動に即して，「達成できた」，「できていない」が生徒にはっきりとわかる具体的な言葉で表現します。相互評価の目的は，生徒たちの出した評価を安易に点数として成績に加算するためではありません。到達度評価は教師がプロとして責任を持って行うべきものです。具体的な努力目標，達成目標（CANDO）を意識して活動に取り組ませることで，生徒の「変容」を促すことが目的です。また，指定した評価規準について，教師が納得のいく評価コメントを述べることで，生徒たちに自分自身や友だちの活動を評価する眼や能力が次第に育っていきます。次はニュース・ショーの評価用紙の生徒記入例です。

　一連の活動を終了した生徒たちの感想を読むと，「最初はできるわけがないと思ったけれど，記者会見から最後のニュース・ショーまで本当に英語を使ってできたのでうれしかった」，また，次ページの「◆今回の活動を終えた感想」にも見られるように，「英語でのコミュニケーションは本当に難しいものだけれど，それがほんの少し身についたような気がする。でもやっぱりまだまだだから，これからもいろんな事やってみたいです。とにかく楽しかった」など，非常に強い達成感とともに，成功体験の裏で感じる「でもやっぱりまだまだだ……」という「**積極的不満足感**」が，今後の学習への強い動機づけの源泉となり，自ら向上心を持って取り組もうという主体的態度を育むことが読み取れ

Evaluation Sheet for the Newscasting　－ニュース放映（ＴＶ生中継）・評価用紙－

評価者 (Evaluator)：（Ｃ）組（　）班、氏名＿＿＿＿＿＿＿

◆ 観点：
- 観点① 本物のニュースキャスターのように上手に話せていたか？
- 観点② 報道の内容は興味深いものだったか？
- 観点③ 表情や視線などテレビ映りはよかったか？

◆ 評価： A(うまい)、B(ふつう)、C(もうひと息以下)の３段階評価とするが、特に優れている場合には A° の評価をつけてあげよう！

Evaluation of the Newscasting

	観点①	観点②	観点③	コメント
1班	A°…A－B－C	A°…A－B－C	A°…A－B－C	出だしからアクションが出ていておもしろい。内容をもりあげていた。
2班	A°…A－B－C	A°…A－B－C	A°…A－B－C	ちょっとゆっくり話すといいと思う。内容がおもしろかった。
3班	A°…A－B－C	A°…A－B－C	A°…A－B－C	ものすごく緊張して足がふるえているよ。でもNGもよかったよね。
4班	A°…A－B－C	A°…A－B－C	A°…A－B－C	一度もつまらずに言っていて、さすがのニュースキャスターらしい。
5班	A°…A－B－C	A°…A－B－C	A°…A－B－C	すごくしっかりやすく、本物のニュースキャスター的だったと思う。
6班	A°…A－B－C	A°…A－B－C	A°…A－B－C	もう少し落ち着いて、ゆっくりできると、もっと良かったところ。
7班	A°…A－B－C	A°…A－B－C	A°…A－B－C	もうちょっとはっきり、の姿勢を出して話しほしかった。
8班	A°…A－B－C	A°…A－B－C	A°…A－B－C	いつもよりすごく緊張していたけど、ゆっくりやすかった。

◆ 今回の活動（記者会見からニュース番組生中継まで）を終えた感想を自由に書いて下さい。

ます。このような成就感や意欲は，本章2（pp. 80-82）で見たような従来の稚
拙な言語活動では決して生まれてはこないものです。

6　総合的・創造的・統合的活動実施上の留意点

　生徒の個性・創造性を引き出す総合的なコミュニケーション活動，とりわ
け，数時間のプランニングのもとに行うプロジェクト・ワークを設計し実施す
るうえでの一般的な留意事項を次に整理し，本章のまとめとします。

①「難しそうだけどできたらスゴイ！　挑戦してみるか」という気にさせる課題
　を与えること。「達成可能な中で最も難易度の高い課題」を与えたとき，生徒
　は意欲を奮い立たせ，活動達成時の成就感も最高となります。

②準備に必要な時間を保証した，生徒・教師双方にとって無理のないプランニ
　ングを行うこと。創造的な活動において，絶対的時間不足を宿題で補うこと
　は禁物で，落ちこぼれ（落ちこぼし）を作る原因となります。

③活動が数時間に及ぶ場合には，導入時に活動の内容と進行計画を生徒に周知
　し，活動の全体像を把握させること。このことにより，生徒は見通しを持っ
　て活動に取り組むことができるようになります。

④必要に応じて適切なモデルや活動の枠組みを提供すること。学習者中心の授
　業と無責任な放任は別物。教師が責任を持って指導すべき部分と，生徒たち
　にゆだねる部分を明確にして指導に当たることが大切です。

⑤生徒の学習段階，発達段階を常に見極め，長期的な視点に立って，「教師によ
　る活動のコントロール」と「生徒の自由度」，「準備できる部分」と「即興で
　対応しなくてはならない部分」の適切なバランスをとること。

⑥実施した活動に関連する問題を定期テストに出題すること。授業内容と試験
　の出題内容の関連性を持つことにより，授業を大切にしようという波及効果
　（backwash effect）が生じます。（テストについては，（若林・根岸 1993，田中
　1999，靜 2002，根岸 2017）などを参照。）

先に紹介した「記者会見」後の定期テストの出題例を最後に示しておきます。

〈定期テスト出題例〉

【Ⅵ】　次の対話文は、柔道の田村亮子選手に対する記者会見の様子を記録したものです。対話文を読んで、下記の質問に答えなさい。（10点）

司会者：Now, we'll begin the press conference with Ms. Ryoko Tamura.
田　村：Hello, everyone.　It's nice to be here.
司会者：Do you have any questions?
記者1：Why do you like judo?
田　村：Well, if we practice judo, even a little girl like me can throw a big man.　It's exciting, you know.　Also, I can protect myself.
司会者：Any other questions?
記者2：Judo practice is too hard for girls, isn't it?
田　村：As a matter of fact, it is very hard.　I am pushed hard by the coach.　But I never give up because I love judo.
司会者：We're running out of time.　So the next question will be the last.
記者3：What are you going to do after you graduate from high school?
田　村：I'm going to a university and practice judo more.
司会者：OK.　This is the end of the press con-
　　　　ference.　Thank you very much, Ryoko.
田　村：You're welcome.

　1）次の①～③の質問に日本語で答えなさい。
　　　① 田村選手にとって柔道の魅力は？　　（3点）
　　　② 練習に対する田村選手の感想は？　　（2点）
　　　③ 高校卒業後の進路は？　　　　　　　（2点）
　2）あなたが取材記者であれば田村選手にどんな質問をしますか。記者会見にふさわしい質問を1つ考えて英語で書きなさい。質問は2文以上の構成でもよろしい。（3点）

写真：ベースボール・マガジン社

第４章

オーラル・コミュニケーションの基礎・基本
―リスニングの指導を考える―

1 　ある教師と生徒の対話から

T：コミュニケーションでは聞き取りの力がものを言う。CD を大いに活用
　　して，リスニングの力を伸ばしなさい。

S：先生，何度も聞いたんだけど，どうしても聞き取れません。

T：何回聞いたの？

S：必死で５回聞いたんだけど……。

T：そんなんじゃ，まだまだ甘いな。５回聞いてわからなければ 10 回，10
　　回聞いてわからなければ，20 回，30 回，わかるまで聞くんだ！

S：Hmmm …

　少々誇張したやり取りではありますが，まったくの作り話ではありません。
「指導」とは言うまでもなく，理論や科学的知見に基づいて，一つひとつの課
題を克服しつつ無理なく生徒を目標地点へと導く過程です。集中して３回聞い
て意味のわからない外国語を，それ以上何度聞いても理解は進まないという研
究データもあります。「わかるまで聞け」と言われても，「読書百遍，義自ずか
ら見る」というのは，語彙や文法構造を異にする外国語には通用しないので
す。

　　しかし，上の先生の「コミュニケーションでは聞き取りの力がものを言う」
という言葉は事実でしょう。海外旅行が身近なものになり，書店に行くと，
「海外旅行英会話２週間完全マスター」というような魅力的タイトルの書籍が
目につきますが，これはタイトルに偽りありでしょう。いかに会話の定型表現

を丸暗記して使っても，相手の応答を聞き取って理解できなければ，コミュニケーションがそこで頓挫するのは目に見えているからです。書籍の付録CDを活用して練習し，なまじスラスラと話そうものなら，相手の応答はなおさらナチュラルになり，意味理解が一層困難となってしまいます。

2　リスニングの意義とその取り扱い

（1）オーラル・コミュニケーションを支えるリスニング能力

　学習指導要領に示された言語の「使用場面」や「働き」を重視した指導では，例えば「道案内」の場面では，次のような機能（function）と表現形式を学習させることが想定されます。

・「道を尋ねる（asking the way）」

Excuse me. How can I get to ～?/Where can I find ～?

Please tell me the way to ～. /Would you direct me to ～?

Could you tell me how to get to ～? etc.

・「道順を指示する（showing directions）」

Go straight this street for ～ blocks.

Turn left at the second corner.

You'll see it on your right. You can't miss it. etc.

コミュニケーションで生徒が遭遇すると予想される場面を設定し，そこで使用されるであろう機能を抽出して代表的な表現形式を指導し，生徒にそれを暗記させることは難しい指導ではありません。しかし，それだけでは実際のコミュニケーション場面では役には立ちません。上で述べたとおり，いかに有用な定型表現を覚えても，相手の質問や応答が聞き取れなければ，コミュニケーションは成立しないからです。

　リスニングの能力は，リーディングにおける速読の能力とも相関します。生徒のリスニング能力を伸ばしてあげることは，コミュニケーション能力の土台

を築くうえで不可欠な指導と言えるでしょう。

(2) 学習指導要領における「聞くこと」の取り扱い

　「聞くこと」の指導の重要性については，学習指導要領でも認識され，改訂の度にその取り扱いの重要度が増してきています。

　1993年（平成5年）実施の学習指導要領では，それまで，「聞くこと，話すこと」と，スピーキングとのセットでひとつの領域（4技能3領域）として扱われていたリスニングが「聞くこと」と「話すこと」に分離され，4技能4領域として独立して取り扱う旨が明示されました。実際の言語活動で，聞くことと話すことは絶えず共起するものではなく，例えば，講演会の講師のように一方的に話すだけ，その聴衆のように聞くだけの言語活動も存在します。したがって，教科書などの対話文をモデルとしてペアで対話練習をするなど，話すことに付随した活動のみではリスニング指導としてはきわめて不十分であり，リスニング能力開発のための独自の指導と練習方法が求められたのです。

　2021年度（令和3年度）に全面実施された中学校学習指導要領には，「聞くこと」の指導に関して次のような記述が見られます（下線は筆者）。

1　目標

ア　はっきりと話されれば，日常的な話題について，必要な情報を聞き取ることができるようにする。

イ　はっきりと話されれば，日常的な話題について，話の概要を捉えることができるようにする。

ウ　はっきりと話されれば，社会的な話題について，短い説明の要点を捉えることができるようにする。

2　内容

〔知識及び技能〕

(1)　英語の特徴やきまりに関する事項

ア　音声

　次に示す事項について取り扱うこと。

（ア）現代の標準的な発音

（イ）<u>語と語の連結による音の変化</u>

（ウ）語や句，文における基本的な強勢

（エ）文における基本的なイントネーション

（オ）文における基本的な区切り

〔思考力，判断力，表現力等〕

(2) 情報を整理しながら考えなどを形成し，英語で表現したり，伝え合ったりすることに関する事項

　具体的な課題等を設定し，コミュニケーションを行う目的や場面，状況などに応じて，情報を整理しながら考えなどを形成し，これらを論理的に表現することを通して，次の事項を身に付けることができるよう指導する。

ア　日常的な話題や社会的な話題について，英語を聞いたり読んだりして必要
　　な情報や考えなどを捉えること。

(3) 言語活動及び言語の働きに関する事項

① 言語活動に関する事項

イ　聞くこと

（ア）日常的な話題について，<u>自然な口調で話される英語を聞いて，話し手</u>
　　　の意向を正確に把握する活動。

（イ）店や公共交通機関などで用いられる簡単なアナウンスなどから，自分
　　　が必要とする情報を聞き取る活動。

（ウ）友達からの招待など，身近な事柄に関する簡単なメッセージを聞いて，
　　　その内容を把握し，適切に応答する活動。

（エ）友達や家族，学校生活などの日常的な話題や社会的な話題に関する会
　　　話や説明などを聞いて，概要や要点を把握する活動。また，その内容
　　　を英語で説明する活動。

　目標には「はっきり話されれば」とはありますが，小学校のように「ゆっくりはっきり話されれば」ではありません。"I wanna 〜"など日常会話における口語体の過度の reduction を扱うことはありませんが，小学校での英語学習

も土台とした現在，中学校で生徒に聞かせる英語はかつてより「自然な速度」の英語に近づいています。このような「自然な口調で話される英語」を聞き取るには，2002年度（平成14年度）実施の学習指導要領で追加された「語と語の連結による音変化」が極めて重要な指導事項となります。「語と語の連結による音の変化」は小学校高学年の「外国語科」でも指導することになりました。この指導法については本章の3（4）②(p. 132)以降で取り上げます。

3　リスニング能力育成のための指導

（1）リスニング指導の現状

　玉井（1992）は，中学校におけるリスニング指導の現状を次のように述べています。

---

　①リスニング指導の必要性に対する教師の強い認識がある一方，時間的制約，教師がリスニング分野における十分な指導技術を持たないこと，評価の難しさなどのために十分な指導が行われていない。
　②現在のリスニング指導の多くの部分は，テープや教師の音読を中心とする正確な音声学習に中心を置いたもので，入力された音声情報から積極的な意味形成を図るといった認知的な聴解練習はあまり行われていない。

　中学生，高校生を対象としたリスニング指導の研究がその後進み，参考とすべき先行実践もある程度出てきましたが，ここで指摘された現状は今もさほど大きくは変わっていないようです。リスニング・テストなどの市販教材は数多くあり，毎時間，聞き取りテストを実施し，中間・期末考査にもリスニング・テストを出題するなど熱心な先生は見受けられますが，それでも，多くの場合，「テストあれども指導なし」という現状があるように思われます。

（2）学習者の困難点

　日本人はリスニングが弱いとよく言われますが，その困難点はどこにあるのでしょうか。その困難点を探り，特定（problem identification）することにより，それへの対応策が考えられるはずです。

　望月（1989）は，リスニングの困難点として，次の4点を挙げています。

----
① 話される英語が速くて，音素が識別できない。
② 語彙・文法力が不足して，予測して聞くことができない。
③ 聴覚に達する音声はすぐに消えていくために，新語にぶつかると心理的なパニックになり聞き取れない。
④ 背景知識が不足しているため，内容が理解できない。

（3）困難点への対応策—リスニング指導のポイント

　以上4つが学習者の困難点だとすれば（1. problem identification），それをいかに克服させることできるかを考え，授業改善の具体的な仮説（2. hypothesis）を立てて実践（3. plan intervention）し，一定期間の指導後にその効果（4. outcome）を検証して必要あれば仮説を修正し実践を続けます。これら1.～4. がいわゆる「アクション・リサーチ」（Action Research）の大まかな手順（佐野 2000, 2005, 髙橋 2011）です。上記（2）の①～④の各困難点に対する日々の授業の中での対応策を考察し，次にまとめてみましょう。

困難点	対応する指導
①	(1)自然な速度で話される英語に慣れさせ，(2)それらに特有な弱化や語と語の連結などの音変化現象を指導する。
②	(1)オーラル中心の授業を通して，学習者が聞き話せる語彙を増やし，(2)post-listening の指導として，文法知識を活用して，聞き取れなかった箇所をモニターする方略（strategy）を指導する。
③	聞き取りのポイントを事前に与えるなど，pre-listening の指導を行い，概要・要点を把握する練習を行わせる。

| ④ | 生徒にとって身近で興味深い話題を選択し，口頭導入（oral introduction/inter-action）を通して先駆知識（schema）の活性化や補足情報の提供など pre-listening 指導の充実を図る。 |

（4）リスニング指導のフレームワーク

① 概要・要点を聞き取る指導（Listening for Comprehension）

　できるかぎり教師は英語で授業を進め，自然なスピードで話される英語に生徒を慣れさせること，すなわち，前ページの表の①の(1)を行うことが基本です。理解を促すためにと，あまりにもスピードを落として話していたのではこの能力は育ちません。このためには ALT とのティーム・ティーチングも効果的ですが，より時間数の多い日本人教師（JTE）による日々のソロ・ティーチングが重要です。教師の話す英語（teacher talk）は，第2章の「目標文のインプット」（pp. 55-58）でもすでに述べたように，クラッシェン（Krashen）の提唱する生徒の言語能力を少し超えた，未知の語彙や構造を一部含むが，文脈から意味を類推できる「理解可能なインプット」（comprehensible input, i + 1）を，生徒の相対的な習得レベルを判断して与えることが有効です。

　これと併せて，オーラル中心の指導を通して，生徒が聞き，話せる語彙を増やすことに留意して②の(1)を行い，オーラル・コミュニケーションを支える語彙力の増強を図ります。語彙力はコミュニケーションの基礎・基本です。聞いたり綴りを読んだりして意味がわかる「受容語彙」，話す際に口に出して使え，ライティングでは綴りを書くことができる「発表語彙」とは異なる，聞けばその意味が理解でき，話すときには通じる発音で使用できる「**オーラル・コミュニケーションに使える語彙**」を計画的，継続的に増強していきたいものです。

　聞き取り練習に際しては，④に配慮した導入や事前指導を入念に行います。そして，リスニング・ポイントを事前に提示することにより，聴解練習が「記憶力テスト」にならないよう配慮しつつ，概要・要点をとらえさせる③を行います。長い文章を聞かせた後に細かな質問をすれば，聞いている時点では理解

できていたのに，質問されたときには情報を忘れてしまっていたという事態が生じます。入試などでこのようなリスニング・テストも見受けられますが，問題の妥当性（validity）自体が問われる悪問です。

　また，聞き取りのあとの事後指導も大切です。単にいくつ正解したかを確かめただけで，"Very good!" や "Study hard!"，ましてや "Listen more carefully." と言うだけでは，何の指導にもならず，生徒は「変容」しません。聞き取れなかった箇所を教師の助言や誘導も交えながら，文法知識を活用して生徒自身に予測させた後にスクリプトを配布して，それを確認させるなど，②の(2)の事後指導を通して，耳からだけの聴解の補強を図り，聞き取れなかった部分を頭の中で再生する方略を指導するのです。

　筆者はかつてカルチャーセンターの英語再入門講座で英語が苦手で「まったくわからない」（と本人が言う）高校生を教えた経験があります。（受講生はほとんどが成人で，お年寄りの方もおられました。高校生は珍しかったのですが，おそらく塾や予備校には行きたくなかったのでしょう。）あるとき，次のような短い対話文をテープで聞かせ，受講者に下線部分を full dictation で書き取らせました。

A: Where do you live?

B: I live in Sakuramachi.

A: <u>How do you get to school?</u>

B: By bus.

その高校生を指名すると，「全然わかりません」と彼は答えたのですが，私が「単語だけでいいよ。何か聞こえただろう？　聞き取れた単語だけでいいから言ってごらん」と水を向けると，彼は，「how と get と school だけ聞こえました」と答えてくれました。「全然わからない」といった彼は，実は強勢を置いて発音される大切な内容語（content words）は聞き取れていたのです。

　T：この文は，何かをたずねているの，それとも説明しているの？

　S：たずねてる。

　T：何をたずねていたんだろう。By bus. って答えていたよね。

S：「どうやって学校へ行くの……」かな？

T：そうだね。ちゃんとわかってるじゃない。全然わからないって言ったけど，意味を理解するために大切なキーワードは全部聞き取れているよ。たずねているんだから，How と get の間には何がくると思う？　例えば，You like soccer. という文を「サッカー好き？」とたずねる文にするときは何と言うの？

S：Do you …?

T：そう。get のあとには to がきて，"get to 〜" で「〜に着く」って意味になるんだ。これは覚えておこう。ということで，その文は？

S：How do you get to school?

T：そうだね。では，テープのあとについて発音をまねて繰り返してごらん。

　以上が，私と英語が全然わからないという高校生とのその後のやり取りです。get to では，歯茎破裂音（alveolar plosive）［t］が連続するので，前の［t］が脱落して［gétə］と発音されるため，2語に聞き分けるのが難しいのも無理はありません。一部分（それも意味理解には大きな影響がない部分）が聞き取れないために，彼は「心理的パニック」に陥り，ギブ・アップしてしまったのです。

② 聞き取りにくい箇所を聞き取る指導（Listening for Perception）

　概要・要点の把握では，上記のカルチャーセンターの高校生の事例に見られるように，必ずしもすべての語を 100% 漏らさず聞き取る必要はありません。強勢を置いて明瞭に発音される内容語から意味を類推することが可能な場合が意外に多いのです。しかし，望月（*ibid.*）が指摘するように一部分がわからないことによって「心理的パニック」に陥り，すべてがわからなくなってしまうことはよくあります。先ほどの高校生もその典型例です。また，たとえ大意は把握できても，学習動機づけの観点から，より正確に聞き取れるようになりたいという生徒の願いも無視することはできません。

　そこで，学習指導要領でも，音声にかかわる言語材料として指定されている

p. 129 の表の①の（2）の指導，すなわち，弱化や語と語の連結などの音変化現象を指導することになります。個々の単語を単独で発音する場合とは異なり，自然な速度で話される英語（spoken English）では，機能語を中心とした音の弱化や，連音（liaison/linking），同化（assimilation），脱落（elision）などの音の変化が生じるため，生徒にとっては大きな聞き取り上の困難点となります。これを継続的に指導することにより，聞き取りの精度を高めることができると考えられます。

4　二種類のリスニング指導の比率

　以上，listening for comprehension と listening for perception の 2 つの指導が重要であることを見てきましたが，前者はトップ・ダウン（Top-down）的聴解訓練，後者はボトム・アップ（Bottom-up）的聴解訓練であり，ベクトルの異なるアプローチと言えます。リスニングによる意味理解のうえで，この両者にはどの程度の相関関係があるのでしょうか。それを調査し検証することで，授業実践における両者の指導バランスを検討してみましょう。

（1）中学生に対する調査テスト

　まとまりのある文章の概要や要点を聞き取る力を試す問題（【問題 A】），音変化など困難箇所を聞き取って書く問題（【問題 B】）を作成して実施することによって，両者の得点分布を比較検討し，その相関関係を調べてみました。

　被験者：中学校 3 年生 152 名

　問題：【問題 A】，【問題 B】の順に同一時間内に実施。両問ともに 10 点満点。テープ吹き込みは，アメリカ人男性ネイティブ・スピーカーに依頼。発話速度は，両問ともおよそ 180 wpm。問題文，放送文とも，未習の語や文法構造を含まないよう配慮しました。

【問題 A】―Listening for Comprehension

[1] 今から，ある日のジャックの放課後の様子を英語で紹介します。文章は 2

回流しますから，よく聞いて，次の質問に日本語で答えなさい。（まず，質問を確認しましょう。）

（質　問）

1. 授業は何時に終わりましたか。
2. 授業が終わったあと，ジャックは何をしましたか。
3. ジャックは友だちのニックとどこで会いましたか。
4. ふたりは何について話しましたか。
5. 帰宅したジャックは新聞を読んだあと何をしたでしょう。

（放送文）

School was over at half past three. Jack left school as soon as it was over. He saw his friend Nick on his way home. Jack talked with him for some time about their club activities. He came home about four. Jack read a newspaper for about half an hour. After that he did his homework. He had dinner with his family at seven.（64 語）

[2] 美代子さんは今年の夏に北海道のおじさんを訪ねました。今から，そのことを英語で紹介します。文章は2回流しますから，よく聞いて下の英文が内容と一致していれば○，間違っていれば×を（　）内に書き入れなさい。（まず，問題に目を通しなさい。）

（問題文）

1. Miyoko visited her uncle in Hokkaido for the first time. （　）
2. She stayed with her uncle for three days. （　）
3. She visited many places and she liked the blue sea the best. （　）
4. She took a lot of pictures in Hokkaido. （　）
5. She sent some of the pictures to her uncle. （　）

（放送文）

Miyoko has an uncle who lives in Hokkaido. His name is Jiro. He's her father's young brother.

Last summer Miyoko visited her uncle for the first time and stayed at his house for three weeks.　Uncle Jiro took her to many places.　Every place was beautiful and interesting to her, but most of all she liked the beautiful blue lake the best.　She was happy every day.　She took a lot of pictures with her camera.

Miyoko saw the pictures after she came back home in Osaka.　She wanted to visit Hokkaido again some day.（95 語）

【問題 B】—Listening for Perception

　今から 1～10 の英文をそれぞれ 2 回ずつ読みます。よく聞いて，文中の下線部に聞き取った語を書きなさい。補う語は 1 語とは限りません。

1. I （have to） go home now.
2. （What about a） cup of coffee?
3. （But I'll） try my best to win the game.
4. She （got up at eight） this morning.
5. Let's （get out of） here!
6. Why did you （give it up） ?
7. I （can't） skate well.
8. Here's a （little） present for you.
9. I'll （send him） a letter.
10. （Tell her） about your school life.

（2）結果と考察

　次ページの表 1，2 に示したとおり，問題 A，問題 B の平均点はそれぞれ 6.7 点と 4.1 点となりました。予想どおり，生徒の概要・要点を把握する力は，音変化など困難箇所を聞き取る力よりも優れていることがわかります。問題 A，B ともに同じネイティブ・スピーカーによる吹き込みで，発話速度は同程度ですが，問題 B は前後の脈絡のない 1 文の聞き取りのため，推測能力を働かせることが困難なうえに弱形や連音などの音変化を含む部分をディクテーションする問題ですので，かなり難易度の高い問題となったようです。

表1　本調査で用いたテストの人数分布

	0点	1点	2点	3点	4点	5点	6点	7点	8点	9点	10点
問題A	0	1	1	2	14	22	28	31	30	16	7
問題B	1	6	16	46	27	18	24	10	1	2	1

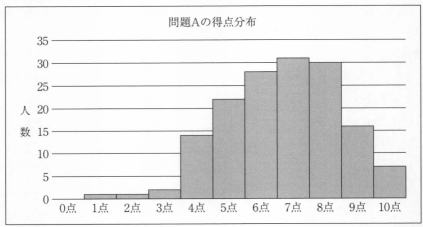

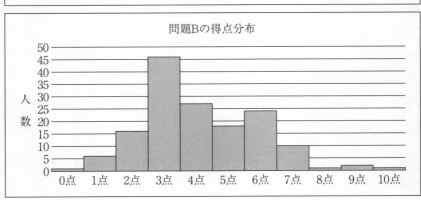

表2　本調査で用いたテストの平均点と標準偏差，相関係数

	平均点	標準偏差	A	B
問題A	6.6	1.77	—	
問題B	4.1	1.79	0.367 ***	—

＊＊＊p＜.001

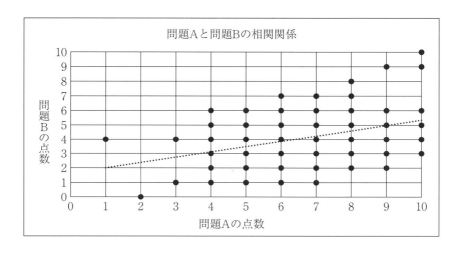

表3 【問題 B】の各得点群における【問題 A】の得点分布

B：10 点（1 名）

A：得点	0点	1点	2点	3点	4点	5点	6点	7点	8点	9点	10点	平均点
人数											1	10.0

B：9 点（2 名）

A：得点	0点	1点	2点	3点	4点	5点	6点	7点	8点	9点	10点	平均点
人数										1	1	9.5

B：8 点（1 名）

A：得点	0点	1点	2点	3点	4点	5点	6点	7点	8点	9点	10点	平均点
人数									1			8.0

B：7 点（10 名）

A：得点	0点	1点	2点	3点	4点	5点	6点	7点	8点	9点	10点	平均点
人数							3	4	3			7.0

B：6 点（24 名）

A：得点	0点	1点	2点	3点	4点	5点	6点	7点	8点	9点	10点	平均点
人数					2	2	1	5	9	3	2	7.4

B：5点（18名）

A：得点	0点	1点	2点	3点	4点	5点	6点	7点	8点	9点	10点	平均点
人数					1	2	4	4	4	2	1	7.0

B：4点（27名）

A：得点	0点	1点	2点	3点	4点	5点	6点	7点	8点	9点	10点	平均点
人数		1		1	1	6	4	4	5	4	1	6.5

B：3点（46名）

A：得点	0点	1点	2点	3点	4点	5点	6点	7点	8点	9点	10点	平均点
人数					7	9	9	8	7	5	1	6.4

B：2点（16名）

A：得点	0点	1点	2点	3点	4点	5点	6点	7点	8点	9点	10点	平均点
人数					2	2	6	4	1	1		6.2

B：1点（6名）

A：得点	0点	1点	2点	3点	4点	5点	6点	7点	8点	9点	10点	平均点
人数			1	1	1	1	2					5.3

B：0点（1名）

A：得点	0点	1点	2点	3点	4点	5点	6点	7点	8点	9点	10点	平均点
人数			1									2.0

　問題A，問題Bの相関係数（ピアソンの積率相関係数）は0.36となり，概要・要点を把握する能力（listening for comprehension）と弱形や音変化など困難箇所を聞き取る能力（listening for perception）の間には，弱い相関が見られました。

　表3を見ると，問題Bで8点以上の成績上位群4名は，問題Aでも高得点をとっていることがわかります。細かな音変化まで識別できる力のある生徒が概要・要点を把握できるのは当然と言えるでしょう。一方，問題Bで4点以下の成績下位群に属する生徒96名のうち，問題Aで8点以上の高得点を得ているものが25名（26.0%），7点以上まで含めれば43名（44.8%）となり，音変化の認知能力では成績下位に属するが，概要・要点の把握能力では成績上位

に位置する生徒も少なくないことがわかりました。

　以上の結果から，listening for perception の能力は，comprehension 能力には必ずしも決定的な必要条件とはならないが，十分条件となり得る，すなわち，perception 能力の向上を図ることにより，comprehension 能力の精度が高まると推察することができそうです。

　このデータは，授業でのリスニング指導のあり方を考えるうえで，示唆を与えてくれます。教室でのリスニング指導では，日々の授業の基礎指導として，話された事柄の概要・要点をとらえる listening for comprehension の指導（トップ・ダウン的聴解訓練）にあくまでも重点を置いて指導し，それを強化する補足的指導として，弱形や音変化など困難箇所を聞き取る listening for perception の指導（ボトム・アップ的聴解訓練）を行うのが望ましいと考えられます。

5　Listening for Perception の指導

　概要・要点を把握するための listening for comprehension の指導方法については，3(4)①でその概略を述べました。また，そのための練習タスクは，従来から文科省検定済教科書の中にも豊富に盛り込まれています。そこで，以下では弱化や音変化の指導を中心とする listening for perception の指導法について，実践をふまえて記述していくことにします。

（1）大学生に対するスポット・ディクテーション

　次に示すのは，ある中学校第1学年用の教科書の本文（*Everyday English. Book 1*. 平成5年版，中教出版，pp. 32-34）です。Part A, C の本文中の（　　）内の日本語ト書きは筆者が加筆。この当時は土曜日も授業がありました。

Lesson 7 「ベッキーの土曜日」

〈Part A〉

（土曜日の朝，登校前に父親と）

　　Becky：Good morning, Dad.

Mr. Smith：Hi, Becky.　How are you this morning?

　　Becky：Fine, ① but I have school.

Mr. Smith：Oh, that's right.

　　Becky：Japanese, math, and art.

〈Part B〉

Mr. Smith：How is your Japanese class?

　　Becky：② I like it.　But Japanese is hard. So many kanji!

Mr. Smith：I know.

　　Becky：But Koji and Emi help me.

Mr. Smith：Help them, too.　③ Help them with their English, Becky.

〈Part C〉

　　Becky：Good-bye, Dad.　See you later.

Mr. Smith：Have a good day, Becky.

（登校時，自宅前でクラスメートの浩二に会って）

　　Koji：I'm sorry, Becky.　④ I'm late again.

　　Becky：Koji, ⑤ what do you have in that big bag?

　　Koji：I have a big dictionary … and comic books.

　　Becky：Comic books?　Oh, no, Koji.

　上記テキストの①～⑤の下線部を空欄にしたスポット・ディクテーションを，過去複数の国立・私立大学で教職課程を履修する英語科の学部生や大学院生を対象に実施してきました。被験者は1,000名近くのですが，満点はごく僅かです。私がかつて教えた中学生には，この種の問題で満点が多くいました。

　題材は中学第1学年の2学期後半に学習する課の本文なのですが，準拠テープは自然な口調で音読されており，下線部では，連音，同化，脱落などの音変

化が生じています。例えば，下線部③の"with their English"は，with の語末の舌歯摩擦音（dental fricative）[ð] と their の語頭の [ð] が連続するため前の [ð] が脱落し，[wiðɛəríŋgliʃ] と発音されます。また，下線部⑤の"(in) that big bag"では，that の語末の歯茎破裂音（alveolar plosive）[t] と big の語頭の両唇破裂音（bilabial plosive）[b]，big の語末の軟口蓋破裂音（velar plosive）[g] と bag の語頭の両唇破裂音 [b] が続くため，それぞれ前の破裂音が脱落します。さらに文末の bag の [g] は強い破裂を伴わず弱く発音されるためほとんど聞こえなくなり，結果的に [inðəbíbæ] のように聞こえます。

　音声学の知識もあり，英語教員を志望する熱心な学生たちにして，なぜ中学1年生用のテキストすら完全に聞き取ることができないのでしょうか。もちろん学生たちの英語能力自体が低いのではなく，このような音変化を聞き取る指導や訓練を中学，高校と受けてこなかったことによる不幸にして当然の結果といえましょう。自然な速度で話される英語では，このような音変化がしばしば生じることを，音に対する柔軟性がまだ残る小学校高学年から中学校の間に，理屈としてではなく，活動を通じて体得させる指導が望まれる所以（ゆえん）です。

(2) 音変化指導の実際

　Spoken English における音変化の指導では，教科書の音読指導が重要な位置を占めることは言うまでもありません。入門期の生徒にとっては，個々の単語の強勢や発音に習熟させることはもちろん大切ですが，いつまでも単語一つひとつを明瞭に区切って読むような指導ばかりでは，音変化に対応する能力は養われません。単語レベルの発音指導と，句や文レベルの発音指導とを分け，両者を並行して進めることが必要であり，生徒に対し，自然な速度の音読に入門期から慣れ親しませることが大切です。自らひとつのまとまり（chunk）として調音できる音は，聞き取れるはずです。近年，コミュニケーション活動重視の授業の中で軽視されがちですが，音読指導は英語授業の基礎・基本であることを再確認したいものです。

① 歌やチャンツを活用した指導事例

　音読指導以外に効果的な教材として，歌やリズム教材のチャンツ（chants）があります。歌やチャンツでは，音変化を忠実に模倣しないと，そのスピードについていくことができないので，楽しみながら生徒の音変化の習得に役立てることができます。授業開始時のウォームアップの帯活動として，ねらいを持って歌やチャンツを計画的，継続的に活用すれば，単なる授業の雰囲気づく

【資料1】 ジャズ・チャンツを活用した教材例

"Jazz Chants" － 大きな声でリズミカルに音読しよう！

I Asked My Father

I asked my father.
　　　　　What did he say?
Papa said, "No, no, no."
I asked my mother.
　　　　　What did she say?
Mama said, "Yes, yes, yes."
I asked my father for a dollar and a half.
　　　　　What did he say?
No, no.
I asked my mother for fifty cents.
　　　　　What did she say?
No, no.
I asked Mom again.
　　　　　What did she say?
My mother said, "Ask your father."
I asked Dad again.
　　　　　What did he say?
My father said, "Ask your mother."
I asked my mother for a candy bar.
　　　　　What did she say?
No, no.
I asked my father for some lemonade.
　　　　　What did he say?
Yes, yes.

For Better Pronunciation & Listening
〈注意しよう！〉

自然なスピードで話された英語では，次のような音声変化がよく起こります。

⁀印……2つの音がつながって，ひとつの単語のように聞こえたり（連音：liaison），2つの音が互いに影響しあって，違った音に変化したり（同化：assimilation）します。

×印……ひとつひとつの単語では発音される音が，口の構えを作るだけで実際には発音されず，落ちてしまうこと（脱落：elision）があります。

りや気分転換にとどまらぬ発音指導が行えると同時に，生徒のリスニング能力
の向上へと転移させることが期待できます。

　前ページの【資料1】は，「ジャズ・チャンツ」(Graham 1979) を活用した教
材の一例で，脱落する音の文字の上に×印，連音または同化する箇所の下に‿
印を付して学習者の意識化を図ったものです。連音と同化は異なりますが，中
高生レベルでは，それらを厳密に区別させる必要はないと判断し，同一記号を
用いました。（記号，および，日本語の注釈は筆者による。）

　この手法は，歌の指導にも活用することが可能です。次の【資料2】は，米
国の人気歌手ホイットニー・ヒューストン (Whitney Houston：1963〜2012) の
"The Greatest Love of All" の歌詞の冒頭部分です。

【資料2】歌を活用した教材例

I believe that children are our future.

Teach them well and let them lead the way.

Show them all the beauty they possess inside.

Give them a sense/of pride, to make it easier.

Let the children's laughter,

Reminds us how we used to be.

… (以下略)

子どもたちは私たちの未来。正しく教え導き，自ら歩ませてあげよう。

子どもたちが内に秘める素晴らしい点を残らず彼らに示してあげよう。

自分に自信を持たせてあげよう。子どもたちの明るい笑い声は，私たち大人に

幼き日の自分を思い出させてくれる。

　ほんの数行の歌詞の中にも数多くの音変化現象が現れます。これらの箇所
は，生徒たちにとって，この歌を上手に歌うために欠かせないポイントとなり

ます。まるで私たち教師に訴えかける歌のようにも思えますので，蛇足ながら歌詞の日本語訳も付けておきます。

　このような「意識化」を継続して行うことによって，中学生でも慣れてくれば，音変化の生じる箇所を予測し，自分で印を付けて，自然な音読ができるようになってきます。そして，それができる時期になれば，大学生が苦戦した5(1)に示したようなスポット・ディクテーションにも十分に対応する力がついているはずです。

(3) 音変化を中心とした発音指導シラバス

　上記のような指導と並行して，音変化への意識化をさらに高めるため，シラバスを作って，計画的に少しずつ指導を積み重ねていきたいものです。次に示すのは，弱形や音変化を中心とした音変化指導のシラバス例です。これは，筆者が協同執筆した高等学校教科書（*Captain English Course I*. 平成15年版，大修館書店）の発音指導シラバスを中学2年生レベルで使用できるよう短縮改変したものです。

〈No.1〉 強弱のリズム

　具体的な内容を表す大切な語は，強く長く発音され，そうでない語は弱く短く発音されます。次の3つの文を同じリズム，同じ長さで読んでみよう。

　　　　●　　　　　●　　　　　●

　　People　　love　　music.
　　People　　love his music.
　　People will love his music.

〈No.2〉 文の強勢

　強調したり他と対比したりするときには，その部分を強く長く発音します。

　（どこにいたの？）　I was in the **gym** this morning.
　（いついたの？）　　I was in the gym **this morning**.
　（だれがいたの？）　**I** was in the gym this morning.

〈No.3〉 つながる音（連音）

　[r]，[n]，[m]，[t]，[d]，[k]，[v] などの子音で終わる単語のすぐあとに母音が続くと 2 つの音がつながってひとつの単語のように発音されます。

　It's far away from here.

　It's ten dollars in all.

　Please warm it up.

　Look at my watch.

　I have an interesting video.

〈No.4〉 変化する音（同化）

　2 つの単語の間で [s]＋[j]，[z]＋[j] の組み合わせがあると，2 つの音がひとつになって，[ʃ]，[ʒ] の音に変化します。

　It makes your mother happy.

　Today is your birthday.

　[t]＋[j]，[d]＋[j] の場合は，[tʃ]，[dʒ] に変化します。

　Don't you like sports?

　Would you like some coffee?

〈No.5〉 消える音（脱落①）

　2 つの単語の間で同じ子音が続くと，前の子音は発音されません。

　Don't tell a lie!

　I went to Kyoto this summer.

　発音の似た子音がとなり合ったときも，前の子音は発音されません。

　We played together.

　She has some boyfriends.

〈No.6〉 消える [h]（脱落②）

　[h] の音は子音のあとに続くと発音されないことがあります。

　I'll ask her.

　The gang will kill him.

〈No.7〉 構えだけの音（脱落③）

[p]，[b]，[t]，[d]，[k]，[g] の息をためて破裂させる音は，そのあとに子音が続くと口の構えだけを作っても音は出しません。

A ship came in.

I can't believe it!

You should start now.

There's a big tree in the park.

〈No.8〉 文末の消える音（脱落④）

[p]，[t]，[k]，[g] などの破裂する音は，文末では強く破裂させず，弱く発音され，ほとんど聞こえなくなります。

Hey, look!

Watch out!

Have a nice trip.

That's my bag.

　最後に NHK ラジオ「新基礎英語1」（2005年1月号）の Warm-up のチャンツをひとつ紹介します。太字で書かれた単語（音節）はストレスを置いて強く発音することを示しています。チャンツのたった5行の短い対話文の中にも上にまとめた ⌣ や×印の音変化が数多く現れています。（ここでは，「文末の消える音」〔文末の破裂音の弱化〕には×印を付けていません。）

　中学1年生〜3年生用のオリジナル・チャンツを収録した CD ブックとして，髙橋 2005（中学1年〜2年生用）とその続編の髙橋・田尻 2008（中学2年〜3年生用）があります。すべてのチャンツのカラオケも付いているので，先生や生徒が，教科書で学習した文法事項や語彙に合わせて改変したチャンツを自作して練習することもできます。

　現在，4技能5領域のコミュニケーション能力育成が求められていますが，Listening→Speaking→Reading→Writing という指導手順は，（財）語学教育研究所・初代所長で The Oral Method 創始者の H. E. パーマー（1877〜1949）以来の外国語教育の鉄則。小学校英語の教科化を受けた中学校で，まず「聞くこ

【資料 3】「新基礎英語 1」オリジナル・チャンツの例

「インターネット・チャンツ」です。
リズムに乗って発音練習をしましょう。

A: Let's **search** for it on the **In**ternet.
B: **How** can I **use** it? **How** can I **search** it?
A: **Choose** a **site** and **click** on it.
B: **Click, click, click**!
　 Wow, here it **is**!　**Wow, here** it **is**!

＊太字の部分は強く、はっきりと発音しましょう。
＊×印のついた文字は、口のかまえを作るだけで、じっさいには発音されません。
＊‿部分では、2つの単語がつながって発音されます。

NHK ラジオ「新基礎英語 1」(2005 年 1 月号)

と」、「話すこと」を中心としたコミュニケーション能力の育成を確実に行いたいものです。学校現場では、とかく派手立つ「話すこと」の言語活動の開発や実践に注目が集まる傾向があり、ともすれば見過ごされがちですが、コミュニケーションを支える土台としてのリスニング能力育成のための指導、また、地味な活動ではありますが、リスニング能力の基盤を作る発音・音読指導の充実がもうひとつの大切な課題となります。パーマーの唱えた「聞き・話す」第一次言語運用（primary speech）の土台をしっかりと築き、さらに「読み・書く」第二次言語運用（primary speech）へと繋げていきましょう。

第5章

バックワード・デザインによる授業づくりと
改善の視点

1 授業は「授業」として成立したか?

　生徒が目を輝かせて，生き生きと参加する授業を実現したい。教師であれば
だれもが願うことです。しかし，その思いに反して指導がカラ回りして，シラ
けた沈黙が教室に広がったり，授業とは無関係の雑談や喧騒の内に終了のチャ
イムを聞く，といったこともあります。そして，心ある教師は自信を失った
り，自己嫌悪に陥ったりするのですが，これは教師として正常な証拠。「悩み
多きは正常の証(あかし)」です。こういうときに，「こんなできの悪い生徒を教えられ
るか!」と，授業が成立しない責任のすべてを生徒たちに転嫁して平気になれ
ば，もはや教師生命は終わりです。

　授業は生徒と教師で創りあげるもの。学習の主体者である生徒が担うべき責
任も大きいことは事実ですが，学習内容に対して生徒に興味を持たせ，学び方
を教え，自ら進んで学ぼうとする意欲や態度を育てることが教師の仕事である
ことを考えるなら，指導する教師がプロとしてより大きな責任を負うべきこと
は当然です。自分の授業を内省（reflection）し，よりよい授業をめざして
日々その改善を図ることが求められる所以です。

　休み時間の職員室，同僚教師との間で，今日の授業は「うまくいった」，「失
敗だった」などと言葉を交わすのをよく耳にしますが，その成否の分かれ目は
どこにあるのでしょうか。みなさんは，どこに成功・失敗の線を引きますか。

【ここで小休止】

　一まず，ご自身で考えてから次ページに進んでください。

　生徒の理解度，活発な活動への参加，教師が与えた情報や練習の量など，さまざまな要素が思い浮かぶことと思います。例えば，"Find someone who …"形式のインタビュー・ゲームなど，一見，生徒が楽しく元気に活動に参加しているように見える授業も，その活動を通して，例えば，新たな知識の獲得，表現領域の拡大や発話量の増大，インタラクションの継続，視野の拡大，主体性の高まりなどの「質的変容」（qualitative changes）が生じたか否かがことの本質で，表面上の活発さだけに目を奪われていると判断を誤ることもあります。

　筆者は，授業成立の要件を，

50分間の教師の指導と，生徒の学習や活動を通して，生徒の中に「質的変容」を引き起こすこと。

と考えています。ここでいう「質的変容」とは，これまで知らなかったことを知った（知識の獲得・変容），できなかったことができるようになった（技能の習得・変容），これまで考えてもみなかったことに興味・関心を抱いた（視野の拡大，態度の変容）などをいいます。

　このような「質的変容」を生徒の中に生じさせたなら，授業が成立したといえます。一方，いかに教師が多くを説明しても，質的変容が生じなければ教師の独りよがりの自己満足に過ぎませんし，ゲーム的な活動でいかに生徒が盛り上がったとしても，それだけでは単なる「遊び」に終わったことになります。

　「どのような"質的変容"を生徒の中に引き起こしたいのか」を考えることは，とりもなおさず教師の指導目標（＝生徒の学習到達目標，CAN-DO）を設定することであり，これが明確に設定されて初めて「絶対評価」（第1章4，pp. 20-21）も可能になります。

　次に引用するのは，1998年（平成10年）告示の学習指導要領を受けた文部科学省初等中等教育局・教科調査官（当時）による「新学習指導要領を受けた指導と評価のあり方」（平田2001）です。

① 外国語（英語）の目標の効果的な達成

　　各学校での学年指導目標の設定（中学校）

　　各科目や学習段階に応じた目標の設定（高等学校）

　　達成可能な具体的な目標…達成状況の把握が可能な目標設定

② 指導計画の作成

　　目標を達成する手順としての計画

　　評価を念頭に置いた計画

　　目標の重点は何かを明確にする

③ 適切な評価の実施

　　指導と評価の一体化…指導にあわせた評価，評価を見とおした指導

　　評価の観点の確認…4 領域・各科目と，観点との関連

　　絶対評価による評定へ…中・高における課題

　当時からすでに，長期的視点に立った指導目標の設定と，単に教師個々人の ものとしてではなく学校や英語科としてそれを「共有」すること，目標設定に 際しては，「コミュニケーション能力を育成する」とか「コミュニケーション への主体的・積極的態度を養う」など抽象的な題目としてではなく，生徒たち の「達成状況の把握が可能な」具体的目標（behavioral objectives）として活 動化し，「指導と評価の一体化」を図ることの重要性が指摘されていたのです。

2　「Top-down アプローチ」による授業設計

　授業改善といえば，発音や文法に関する知識などを含む教師の英語力の有無 について論じられることがしばしばあります。「『英語が使える日本人』の育成 のための戦略構想」（文部科学省 2002）を受けて，2003 年度より 5 カ年計画で全 国実施された中・高の全英語教員を対象とした 4 週間のいわゆる「悉皆研修」 のモデルプログラム（文部科学省 2003）では，「英語教授力」とともに，教員の 「英語運用能力」の涵養も研修の柱として位置づけられており，英語教員が備 えておくべき基本的な英語力の目標値として，当面，英検準 1 級，TOEFL

550 点，TOEIC 730 点程度を目安として研修が進められました。これはプロの教師として当然要求される専門の知識・技能であり，その重要性は言うまでもありません。ただし，運用能力を磨くには絶え間ない自己研鑽が必要で，明日の授業で突如としてレベルアップする類いのものではありませんので，本書では除外します。

　授業改善の視点のもう一方の雄である「英語教授力」に関しては，導入や発問，指名の仕方，教師の視線や立ち位置，板書法等々のいわゆる「指導技術」（teaching techniques）がしばしば取り上げられます。これは，教えることの専門技能に属するもので，その巧拙が授業の効果を左右する重要なものであり，日々研鑽すべきものです。より確かな指導技術を磨くことにより授業の精度を高めるという「Bottom-up アプローチ」が授業改善のひとつの方向です。

　しかし，ここで留意しておくべきことは，指導技術は目的達成のための「手段」であって，それ自体が「目的」ではないということです。すなわち，指導技術の総体が授業にはあらず，ということです。初任者にとって，目標とすべき先輩教師を見つけ，その人の授業を模倣し，その指導技術や具体的手法を習得しようとするのは大切な研修方法のひとつです。しかし，教師個々人は別な人間であり，指導する生徒も，学習環境も同一ではあり得ないこと（Every classroom is unique.）を考えれば，一人の教師の成功した実践が，いつどこでも通用する保証はありません。ある教師の成功事例を表面的に模倣してうまくいかなかったからといって，「あの先生の授業は，私の生徒には通じなかった」と不信感を持って嘆くなら，それは当然の結果であり真似た人の誤りです。

　前述の「授業成立の要件」を念頭に置けば，「いかなる"質的変容"を生徒の中に引き起こすのか」，つまり，「英語の授業を通して，何を教え，どのような生徒を育てたいのか」という教師自身の「指導理念」（Teacher's beliefs/ principles）や「指導目標」を明確に持つことが，何よりも重要になります。これを持ち得た教師，絶えずこれを持とうと試行錯誤する教師は，自分自身と自分の生徒たちに根ざした授業改善が可能となるがゆえに，専門家としての教師の成長（professional teacher development）が期待できます（髙橋 2011）。

この意味で，より大きな観点から自己の授業を見つめなおす「Top-down アプローチ」の視点も加えることを推奨したいと思います。

　以下，その具体的な点検の手順と視点を示しますが，最初にその全体像を図示しておきます。

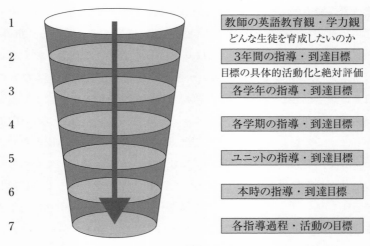

1　教師の英語教育観・学力観
　　どんな生徒を育成したいのか

2　3年間の指導・到達目標
　　目標の具体的活動化と絶対評価

3　各学年の指導・到達目標

4　各学期の指導・到達目標

5　ユニットの指導・到達目標

6　本時の指導・到達目標

7　各指導過程・活動の目標

〈授業設計の Top-down 階層―目標準拠の評価を行える前提〉

3　年間指導目標の設定とその活動化

　ここでいう「年間指導目標」は，4月当初に教務部などに提出を求められたりする「年間指導計画」を指しているのではありません。1学期中間考査までに Lesson 1～3 まで進むなどという進度の割り振りは，教科書の教師用指導書（Teacher's Manual）に掲載されており，さしたる意味もありません。より厳密に指導内容，活動内容を前もって計画（priori syllabus）するのであれば意味はあるでしょうが，4月の時点で来年の3月に何をするかを決定しているというのも，考えてみれば性急なことです。そこまで到達できるかどうかやって

みなければわかりませんし，もっと質の高いことに挑戦できるレディネスができているかもしれません。また，将来，生徒の興味・関心がどのような方向に向いているかも予測しがたいものです。むしろ，指導しながら絶えず修正できる大まかな骨子となる指導計画や目標（roughly-tuned, flexible posteriori syllabus）を立てておくのがより現実的で有効でしょう。

　次に示すのは，中学校におけるその一例です。これは「さあ，今年もがんばるぞ！」という意気込みを生徒たちとともに自ら鼓舞するために，筆者が毎年4月の授業開きの時間に生徒に配布して，当該年度の学習目標を説明する際に使用していたものです。

〈中学校3年間の英語学習目標〉

第1学年…学習方法を身につけ，"使える英語"の基礎を築こう！
　〔重点目標〕：「聞き」，「話す」ことを中心に英語に親しみ，リズム感を身につけよう。

第2学年…表現領域を拡大し，"使える英語"の総合力を高めよう！
　〔重点目標〕：1年次の目標のさらなるレベルアップを図るとともに，まとまりのある英語を「書く」力の一層の強化を図ろう。

第3学年…長い修飾構造を持つ文や英語独特の表現や発想も学び，"使える"英語の基礎を完成しよう！
　〔重点目標〕：1・2年次の目標のさらなるレベルアップを図るとともに，英語を「読む」力の一層の強化を図ろう。
　　　　　　　　自分の考えを英語で表現する力をつけよう。

　このような大まかな目標のもとに，年度の終わりなどに重点目標を具現化した活動を「想定」するのです。例えば，第3学年の重点目標が「自分の考えを英語で表現する力をつけよう」なら，学年末に身近な話題で「英語ディベート」を実施できないだろうか，といった具合に構想するわけです。これを到達目標として絶えず意識し，それを実現するためのプロセスとして，各単位授業の「点」を「線」で繋ぐように長期的な視点で授業を設計（macro-level planning）します。目標から逆算した「バックワード・デザイン」（backward de-sign）による授業設計です。これは，登頂すべき山を決め，その頂上をめざして一人の落伍者もなく全員をそこまで到達させるために必要な装備と最良のルート・進行速度を考える，団体での登山計画を立てることに似ています。（→p.50「生徒に登らせたい山の図」）

　仮に2年次までは事実情報を理解したり，伝達したりすることを中心に指導していたとしても，「自分の考えを英語で表現する力をつける」という次の段階の目標を達成するためには，自分の気持ちや考えを英語で表現し，それを伝える場を数多く与えることが必要となります。テキストを読んだ後に，英語3〜5文で感想を書いて発表する，与えられたテーマについて自由に意見を書く，賛成/反対を指定されたうえで意見を書き，ペアや小グループで発表し合う。さらに，それを聞いたJTEやALTが弱点を突いた質問や反駁を演示する，などといった一連の活動を設定し，最終目標とするディベートを意識しつつ，一年間をかけて継続的に指導することになります。このことにより，「点」として存在していた1時間1時間の単位授業が「線」としてつながりを持つようになります。

中・長期的視点から具体的な到達目標を設定し，「点」として存在した授業を「線」で結ぶ。

　英語教師は，ともすれば教科書のパートやレッスン毎に授業を考えがちですが，取り扱うテキストの題材内容，指導する文法事項，言葉の使用場面や働き，それらに伴う言語活動，コミュニケーション活動の系統的・継続的発展と展開といった観点から，数時間あるいは数週間単位をひとつの「指導ユニット」としてとらえてみれば，新たな授業づくりの視点が生まれてきます。

　次に，このような観点から行った2つの実践事例を紹介しましょう。

4　「バックワード・デザイン」による授業設計とその指導

(1) 中期的視点に立ったユニット指導事例—中 1 ：一般動詞 SVO の指導

　（この実践例は，絶版となった樋口編著（1995：18-24）に新たな資料や解説を付け加えてまとめ直したものです。）

① 指導設計と目標

　多くの文科省検定済 1 年生教科書では，1 学期半ばに一般動詞 SVO の構造（主語が一人称，二人称）が初出し，夏休みを隔てて，2 学期に主語が三人称単数の場合の，いわゆる「三単現」の形が登場します。教科書のレッスンとしては離れており，学習時期もずれるのですが，これをひとつの「単元（ユニット）」としてとらえ，三単現の学習を見通して，最終的に「先生や友だちをまとまりある英語で紹介できる」ことを単元の最終到達目標（behavioral objective）として設定し，それを念頭に置いて一人称，二人称の指導を始めます。

② 1 学期の指導：コミュニケーションに必要な動詞のインプット

　②〜④では，2 学期の三単現の指導も見据えた 1 学期の授業を紹介します。

　第 3 文型（S＋V＋O）の初出レッスンで登場する一般動詞の御三家は，like，play，have の 3 つの動詞ですが，これだけでは，生徒の自己表現や伝達活動には不十分で，もっとたくさんの動詞に習熟させる必要があります。語彙を与える際には，次の 2 つの方法があります。例えば，9 つの一般動詞を教え，定着させる際に，

- （A）「積み重ね型定着法」：生徒の学習負担に配慮して，毎時間 3 つずつ与え，3 時間で合計 9 つの動詞の使い方に習熟させる。
- （B）「継続使用型定着法」：9 つの動詞を一度に与えるが，それらを毎時間継続して繰り返し使わせながら，3 時間で習熟させる。

　検定教科書における肯定文，疑問文，否定文の文構造導入は，（A）の「積み重ね型」です。どちらがよいかは一概に決めることはできませんが，要は，一定の期間に当該言語材料を定着させればよいわけですから，言語材料の難易度や活動の内容，授業の頻度などにより，2つの方法を教師が検討してより適切な方を選択することです。本実践では，できるだけ生徒にとって意味があり，かつ，まとまりある情報交換と伝達活動を早い段階から可能にし，系統的に活動を継続・発展させるために（B）の「継続使用型」を採用しました。

　第1時間目に，SVOの文型について基本文を口頭導入（oral introduction）して，mim-mem を行い，日英語の語順の違いを中心に文法説明を簡潔に行った後，次に示すような「一般動詞アラカルト」を配布します。

一般動詞アラカルト

1) **like** 　〜が好きだ

　　A: Do you like sports?

　　B: Yes, I do. I like soccer and basketball very much.

　　　How about you?

2) **have** 　〜を持っている，（ペットなどを）飼っている，〜を食べる

　　A: Do you have any brothers or sisters?

　　B: Yes, I do. I have a big brother and two little sisters.

　　A: Really? I have no brothers and sisters. I'm an only child.

　　　C: I have bread and milk for breakfast. What do you have?

　　　D: I have rice and miso soup.

3) **play** 　（球技などを）する，（楽器を）演奏する

　　A: Do you play tennis every day?

　　B: Yes, I do. I practice it hard. I'm a good player.

　　A: Are you?

　　　C: Do you play the guitar?

　　　D: No, I don't. But I play the piano. I like it a lot.

4) **study**　〜を勉強する

　　A: Do you study English hard?

　　B: Yes, of course. I listen to *Kiso Eigo* every morning.

　　A: That's great!

5) **use**　〜を使う

　　A: Do you use a computer?

　　B: Yes, I do. I use it often. I send emails. I surf the Internet, too.

6) **read**　〜を読む

　　A: Do you like reading?

　　B: Yes. I often read novels.

　　A: What kind of novels do you read?

　　B: I read mysteries and science fictions.

7) **write**　〜を書く

　　A: I write a letter every month.

　　B: Really? Do you have a pen pal?

　　A: Yes. I have a pen pal in the United States.

8) **watch**　（テレビなどを）見る

　　A: Do you like sumo?

　　B: Yes, very much. I often watch sumo on TV.

　　A: I don't watch sumo, but I watch baseball games.

9) **want**　〜がほしい

　　A: Do you want anything for your birthday?

　　B: Yes. I want a new computer game.

　　A: You really love computer games!

　9個の一般動詞を含む短いダイアローグを音読練習，read and look-up
（→p.75）によるペアワーク等を通して，その意味と構造の定着を図ります。
　これらの動詞の選択に当たっては，生徒が自己表現に使える頻度の高い動詞

を選んだことに加えて，実は，もうひとつの選択基準があります。お気づきで
しょうか。もう一度，9つの動詞をよくご覧ください。

　【ここで小休止】—まず，ご自分で考えてからこの後を読み進めましょう。

　これら9個の動詞の三単現の語尾には，likes [-s]，plays [-z]，studies
[-i:z]，uses [-iz]，reads [-dz]，writes，wants [-ts] など，すべての発音の
バリエーションが含まれており，不規則変化する have-has や，studies，
watches など生徒にとって誤りやすいスペリングを含む動詞も含まれていま
す。2学期の三単現の指導をあらかじめ見通して1学期の指導を設計している
のです。154ページで述べた，「点」として存在する授業を「線」で結ぶ，と
は具体的にはこういうことです。

③ 自己表現活動

　第2時間目には，「一般動詞練習シート」を与え，前時に学習した9個の他
動詞を含む次の12の質問に答えさせます。答える際には，あとで行うインタ
ビュー活動を念頭に置き，「談語能力」（discourse competence）育成への手始
めの指導として，できるだけ2文以上で答えるように指示します。ここでも，
次を見通して，「点」として存在する個々の活動を「線」で結んでいるのです。

一般動詞練習シート

「一般動詞アラカルト」を参考にして，君自身のことについて次の質問に英語
で答えよう。（Yes/No の答えだけでなく，できるだけ2文以上で答えよう！）

　1）Do you like sports?

　2）Do you have any brothers or sisters?

　3）Do you usually have rice for breakfast?

　4）Do you play any musical instruments?

　5）Do you study English hard?

　6）Do you use a computer?

　7）Do you like reading?

8) Do you write *Kiso Eigo* report every day?

9) Do you write a letter sometimes?

10) Do you watch baseball games on TV?

11) Do you watch sumo on TV?

12) Do you want anything?   〔Yes.→〕 What do you want?

　この練習を通じて，コミュニケーションでは文法の型どおりに質問に答える
だけではなく，質問者の意図や伝達の目的（communicative purpose）を推察
して，相手の求めている情報を，直接問われなくても自ら進んで付け加えて答
える気遣いが大切なことを指導します。

④「コミュニケーション・シート」を使ったインタビュー活動

　③のライティングによる自己表現活動が，続く活動の準備（preparation）
となり，ペアによるインタビュー活動へのレディネス（readiness）を作りま
す。1)～12) の質問を自分のパートナーに質問し，活動のために作成して配布
した「コミュニケーション・シート」に英語でメモを取らせます。

　「英語でメモを取りなさい」と言っても，中学１年生の１学期のこと，生徒
たちは聞いて意味がわかっても，綴りの書ける単語はまだわずかです。そこ
で，コミュニケーションを遂行するために「スペリングをたずねる」という必
要性（needs）が生じます。ここで "How do you spell ～?" という表現を与
えます。学習者にニーズが生じたところで必要な表現形式を与えれば，たとえ
それが未習の少々難しい表現であっても，驚くほど定着します。これは Com-
municative Language Teaching （CLT）と呼ばれる教授法のひとつの特徴的
な手法です。次は，生徒のインタビュー活動の様子です。

S₁: Excuse me. Do you like sports?

S₂: Yes, I do. I like soccer very much.

　　How about you?

S₁: I like volleyball. I like it a lot.

S₂: Volleyball?

S₁: Yes.

S₂: How do you spell "volleyball"?

S₁: V-O-L-L-E-Y-B-A-L-L.

S₂: Pardon?

S₁:（ゆっくりと）V-O-L-L-E-Y-B-A-L-L.

S₂:（メモを取って）Thank you.

　　Do you have any brothers or sisters?

S₁: Yes, I do. I have a big brother and a big sister.

S₂: I see. Do you usually have rice for breakfast?

S₁: No. I have bread and milk.

S₂: How do you spell "bread"?

（以下，省略）

　1学期の授業で行ったインタビュー活動で，生徒がメモを記入した「コミュニケーション・シート」を2人分，161〜162ページに掲載しておきますのでご覧ください。生徒の取ったメモをよくご覧いただくと気づかれると思いますが，次に示すように未習の三単現の誤りが異なる生徒に共通して見られます。

　*She like English.

　*She listen to *Kiso Eigo*.

　*She don't like sumo.

　*She don't like *Kiso Eigo*.

　*She like it very much.

　未習事項なのですから間違って当然。塾で先取り学習をしていない証拠であり，ほほえましい誤りです。また，仮に塾などで習っていたとしても，第2章5（6）①（p. 67）や第3章4（2）（p. 91）で見たように，このような内容中心のコミュニケーション活動では，生徒の関心は言語構造（form）よりも伝達内容（content）に向けられているので，意識的なドリル練習では間違わない文法事項でも，しばしば誤りが生じます。それは，その事項がまだ「習得」（acquisition）には至っていないことを我々教師に物語ってくれます。

〈「コミュニケーション・シート」生徒記入例①〉

一般動詞・Communication Sheet（要保存）

【Task】　前回の「練習シート」のQ＆Aをもとにして，パートナーと英語で対
話し，わかったことを下の欄に記録しておこう。

＊できるだけ英語で記録しよう。

スペリングがわからない時は，次のようにたずねて教えてもらおう。

<Example>　A: How do you spell "trumpet"?
B: T-R-U-M-P-E-T.
A: Pardon? (Please speak slowly.)
B: T-R-U-M-P-E-T.
A: T-R-U-M-P-E-T?
B: That's right.
A: Thank you.

Your Partner's name : Mr. /Ms. _Wada_____

Q			Ans.			
	1	like sports?	Ans.	(Yes)	So-so	No
Q		Memo. _volleyball._				
	2	have any brothers or sisters?	Ans.	(Yes)		No
		Memo. _big brother and big sister_				
	3	usually have rice for breakfast?	Ans.	Yes		(No)
		Memo. _bread and milk._				
Q	4	play any musical instruments?	Ans.	(Yes)		No
		Memo. _piano._				
	5	study English hard?	Ans.	Yes	So-so	(No)
		Memo. _dislike English._				
	6	use a computer?	Ans.	Yes		(No)
		Memo. _No have computer._				
	7	like reading?	Ans.	(Yes)	So-so	No
		Memo. _novels._				
	8	write Kiso-Eigo report every day?	Ans.	(Yes)	Usually	No
		Memo. _She listen the Kiso-Eigo_				
	9	write a letter sometimes?	Ans.	Yes		(No)
		Memo.				
Q	10	watch baseball games on TV?	Ans.	(Yes)	Sometimes	No
		Memo. _often._				
Q	11	watch sumo on TV?	Ans.	Yes	Sometimes	(No)
		Memo. _She don't like sumo._				
Q	12	want anything?	Ans.	(Yes)		No
		Memo. _volleyball._				

Class (1 - 9), No.( ) Name ( )

〈「コミュニケーション・シート」生徒記入例②〉

一般動詞・Communication Sheet（要保存）

【Task】　前回の「練習シート」のQ＆Aをもとにして，パートナーと英語で対
　　　　話し，わかったことを下の欄に記録しておこう。
　　　　＊できるだけ英語で記録しよう。
　　　　スペリングがわからない時は，次のようにたずねて教えてもらおう。
　　　　　　　<Example>　A: How do you spell "trumpet"?
　　　　　　　　　　　　　B: T-R-U-M-P-E-T.
　　　　　　　　　　　　　A: Pardon? (Please speak slowly.)
　　　　　　　　　　　　　B: T-R-U-M-P-E-T.
　　　　　　　　　　　　　A: T-R-U-M-P-E-T?
　　　　　　　　　　　　　B: That's right.
　　　　　　　　　　　　　A: Thank you.

Your Partner's name : Mr. /Ms.　　　　　Sl Takura.

		Ans.			
1	like sports?	Ans.	Yes	So-so	No
	Memo.	Baseball			
2	have any brothers or sisters?	Ans.	Yes		No
	Memo.	one big sister, gentle			
3	usually have rice for breakfast?	Ans.	Yes		No
	Memo.	bread, tea			
4	play any musical instruments?	Ans.	Yes		No
	Memo.	clarinet			
5	study English hard?	Ans.	Yes	So-so	No
	Memo.	She like English.			
6	use a computer?	Ans.	Yes		No
	Memo.	sometime			
7	like reading?	Ans.	Yes	So-so	No
	Memo.	She is a lady			
8	write Kiso-Eigo report every day?	Ans.	Yes	Usually	No
	Memo.	She don't like Kiso-Eigo			
9	write a letter sometimes?	Ans.	Yes		No
	Memo.	but friend.			
10	watch baseball games on TV?	Ans.	Yes	Sometimes	No
	Memo.	often　She is a fan of the Hanshin Tigers?			
11	watch sumo on TV?	Ans.	Yes	Sometimes	No
	Memo.	She like it very much.			
12	want anything?	Ans.	Yes		No
	Memo.	many big cute animals			

Class (1 − B), No.(　　) Name (　　　　　　　　　　　)

　ただし，正確に言えば，上記の生徒たちの誤りは「誤り」とは言えません。これを間違いだとして叱責され，減点されようものなら，生徒も立つ瀬はありません。そもそも，この時点で生徒たちの文法の中に「三単現のルール」はまだ存在しないのですから。生徒たちがこの時点で持っている文法（learners' grammar）に照らすかぎり，上記の誤文はいずれも，

- ・「S＋V＋O」の語順を正しく守り，
- ・否定文では助動詞 do を用いて「don't＋一般動詞」としている

など，生徒たちがこの時点までに学び獲得した彼ら，彼女たちの文法にかなった perfect sentences なのです。

　当然のこととして多くの生徒に同じ種類の誤りが観察されましたが，これらは，目標言語の正しい形へと移行していく言語習得（language acquisition）の発達途上の学習者に共通して見られる systematic な誤りであり，native の幼児にも見られます。このような文を「中間言語」（interlanguage）と呼んでいます。

　以上が，1 学期の SVO の指導の概略です。ここでは割愛しましたが，もちろん教科書本文の指導は並行して行っていることは言うまでもありません。

⑤ 三単現の指導—「友だちを紹介しよう！」

　2 学期，いよいよ三単現を指導するレッスンを迎えました。「継続使用型定着法」（p.155）で，三単現の肯定文，否定文，疑問文とその答え方をまとめて口頭導入して mim-mem を行い，基本的な言語活動によって定着させた後，1 学期にメモを取らせて回収し，保存していた「コミュニケーション・シート」を返却し，パートナーについて自分が取ったメモを見ながら，新しく学習した三単現の知識を活用して，その友だちを紹介する英文を書かせます。

　このような創造的活動では，やり方をくどくどと説明するよりも「百聞は一見に如かず」，教師がモデルを演示してあげるのが有効です。学年担任の先生にあらかじめ教師がインタビューしたメモを生徒と同じ用紙に記入して，12

の質問から，「これぞ，その人らしい」と思う応答を5つ選んで紹介します。

　生徒に書かせる際には，He, She という代名詞をいきなり使うことのないように，最初は"○○ is my classmate."で文章を始め，次からは固有名をHe/She で受け，最後は"He/She is my good friend."で文章を終える（教育的配慮）よう指示します。165〜166ページに生徒の友だち紹介文を掲載します。

　これらの作品は，先に掲載した〈「コミュニケーション・シート」記入例①，②〉のメモをもとにして書かれた作品ですが，学習効果が現れて，1学期のインタビュー活動時のメモに見られた，*She like English. や*She don't like sumo. などの三単現の誤りは，きれいに自己修正されていることがわかります。生徒たちには，「うわー，"She don't like 〜."なんて書いてる！」，「ぼくもだ！」といった反応が見られました。自身による主体的なこの「気づき」（noticing）が大切なのです。1学期には指摘せず，我慢していた甲斐があった瞬間でした。

　時間内に作品が完成できなかった生徒には，次時までに完成してくることを宿題としました。このような創造的な課題は，授業中に指導して道筋を立て，もうひと息で完成できるところで宿題にすること。宿題として持ち帰るのがいやなら，休み時間に頑張ればできてしまうという段階で宿題にすることが大切です。第2章5（8）（p.78）でも述べたように，教師が指導すべきことを，安易に宿題にまわすことは，「落ちこぼし生徒」を作る一因です。

　次時には，ペアになる生徒を前に呼び，完成した作品を read and look-up 方式で，お互いを英語で紹介し合う活動を行わせました。Post-activity として，教師や ALT が，友だち紹介の発表を聞いて，紹介した生徒，紹介された生徒に，さらに情報を求めて英語で質問することで，一・二人称と三人称単数を織り交ぜた「即興」での real communication へとつなげます。

〈生徒の「友だち紹介」作品例①〉

クラスメートを紹介しよう！　－Part 2－

「一般動詞・Communication Sheet」の12のインタビュー項目から自由に５つ選び，10文程度で君のパートナーを紹介する文を英語で書こう。

・書きだしは，＿＿＿＿＿＿ is my classmate. で始めよう。
・最後の文は，He/She is my good friend. でしめくくろう。

（５分間で書けるかな？　Ready, set, go! ）

Wada is my classmate.
She likes sports.
She plays volleyball.
She wants a new volleyball.
She plays the piano.
She watches baseball on TV.
But she doesn't watch sumo.
She doesn't like sumo.
She is my good friend.

class Dのトップ賞！
You write very fast!
(You look very cute in the video!)

CHECK
'92.10.15
高橋

Class（1－D）No.（　）Name（　　　　　　　　　　）

〈生徒の「友だち紹介」作品例②〉

クラスメートを紹介しよう！　－Part 2－

「一般動詞・Communication Sheet」の12のインタビュー項目から自由に5つ
選び，10文程度で君のパートナーを紹介する文を英語で書こう。
・書きだしは，＿＿＿＿＿＿ is my classmate.で始めよう。
・最後の文は，He/She is my good friend.でしめくくろう。

（5分間で書けるかな？　Ready, set, go!）

Miss Itakura is my classmate.
She has one big sister.
her sister very gentle. have
Her She usually doesn't rice for breakfast.
She has bread and tea.
She writes Kiso-Eigo report every day.
But she doesn't like Kiso Eigo.
She watches baseball games often.
She is a fan of the Hanshin Tigers.
She wants many big cute animals.
She is very cute, too.
She is my good friend.

☆doesn't のつづりに
注意しよう！

Very good !

よく書けました。最後に
She is very cute, too. と
自分の感想を加えたのが グー !!

CHECK
'92.10.15
高橋

Class (1- B) No.(　　) Name (　　　　　　　　　　)

（2）長期的視点に立った指導事例―中３：ディベートに至る指導

① 指導設計と目標

　第３学年の「自分の考えを英語で表現できる力をつけよう」という重点目標（p.153）を具体化する中学校最後の総合的・創造的・統合的コミュニケーション活動として，「学年末英語ディベート」を設定しました。

　幼いころから自らの考えを主張し，議論することに慣れ親しんできた欧米人と異なり，日本人は概して討論下手といわれ，論理的に意見を構築して主張したり，相手の意見を聞き，それを受けて支持を表明したり反駁したりすることにあまり慣れていないようです。ディベートは，与えられた論題（topic/theme）について，自己の真意とは無関係に，肯定側（affirmative side），もしくは，否定側（negative side）を割り当てられて議論を行い，意見の論理性や説得力を競う一種のゲーム的な意見構築訓練です。ディベートの持つ虚構性とゲーム性は，自分の意見を「言葉」でストレートに伝達するのが苦手な日本人にとって，積極的な意見のやり取りを促す効果が期待できます。

　とは言え，日本語でも不慣れなことをいきなり英語で行わせても，生徒は戸惑うばかりで，うまく行くはずはありません。そこで，153ページにも述べたように，長期的な視点に立ち，３年生の年間指導を通して折にふれて自分の意見を英語で表現する訓練，さらにそれを口頭で発表し合い，相手の意見を聞く訓練を継続して行っていくことが必要になります。ここでも「点」として存在する授業を「線」で結ぶのです。何事も「継続は力なり」です。一朝一夕に，思いつきでディベートなどできるものではありません。

② Opinion-making から debate へ

　"Make Your Points" と名づけて，教科書学習で題材内容の理解に留まることなく，題材によっては，それに対する自分の感想や意見を英語３〜５文程度で自由に書かせることから指導を開始しました。次に示すのは，辛苦の果てにヒマラヤのカラ・パタール（Kala Patthar, 標高5,643 m）の登頂に成功した全盲の女性ジュリー・ドネリーさんの伝記を学習した後に生徒に書かせた感想文の

一例です。生徒の英文は原文のまま掲載し，削除および訂正・挿入は ━━（　）の記号で示します。

〈Question〉

What do you think of Ms. Julie Donnelly?

〈生徒感想例〉

Julie was a blind woman, but she climbed the high mountain at last! Of course, her friend Elaine helped her a lot, but I think she is so great. She gave hope to other handicapped people. If I am（were）Julie, I can't（couldn't）do such a thing.

　最後の文では，この当時，高校での学習事項だった「仮定法過去」〔2021年度（令和3年度）からは中学校で指導〕を知らないがための誤りが見られますが，未習ですので当然出るべくして出てきた多くの生徒に共通する誤りです。表現上のニーズが生じますので，文法用語を駆使した難解な説明は抜きにして，このような場合には動詞は過去形を使うこと，ついでに，過去形は「もう済んだことですよ，以前のお話ですよ」と「時間的な隔たり」を表すほかに，「心理的な隔たり」を表すこともあることを教えます。この心理的距離感（psychological remoteness）を表す過去形の用法がイメージとしてつかめれば，Could you 〜? などの丁寧表現〔話す相手への心理的距離感が生む丁寧表現〕や仮定法過去〔あり得ないことを述べる陳述内容への心理的距離感，「でも現実はそうじゃない」という含意〕も理解できます（第1章5（4），pp. 38-40）。

　このように，折にふれて自分の思いや考え（what to communicate）を持つ機会を与え，それを英語で表現する（how to communicate）ことのサポートを継続して重ねていけば，生徒も自分の感想や意見を英語で表現することに少しずつ慣れていきます。

　ある程度生徒が慣れてきたら，与えた論題に対して，「男子は賛成，女子は反対意見を考えなさい」という具合に，肯定側，否定側を教師が機械的に割り当てて意見を作らせる訓練へと発展させていきます。さらに，各自が作った意

見をペアで伝え合い，最初は日本語で相手の意見を要約して報告させ，次の段
階では，"○○ said 〜. I think so, too. ／But I don't think so.〔I agree／I don't
agree with him/her.〕" の形で相手の意見を英語で反復確認させ，その意見に
賛成するか，反対するかを述べさせる練習を行わせます。そして，この「ミ
ニ・ディベート」の活動をペアから4人グループに人数を増やして行わせま
す。

　次に示すのは，第5世代のコンピュータに関する教科書本文を受けて生徒に
書かせた肯定側，否定側の意見の一例です。

〈Topic〉

With a fifth generation computer, language translation won't be very diffi-
cult any longer. Then we can stop studying foreign languages.

〈肯定側意見例①〉

I think we can stop studying foreign languages. If we have a pocket-size
fifth generation computer, we can carry it（everywhere）. We can communi-
cate with the computer. Studying（a）foreign language is very, very hard,
you know. It's ~~loss time~~（a waste of time）.

〈否定側意見例②〉

I think fifth generation computer is great and useful. But we can't com-
municate with a computer. Computer is a machine. We can't understand
other people（with it）. We need heart to understand（each other）. Also,
Mr. Takahashi（will）lose his job. So I don't think we can stop studying for-
eign languages.

　この段階では，準備なしに相手の意見を聞き，即興でそれに反論することは
まだ無理があるので，相手の意見を理解することに重点を置かせます。その代
わりに，教師が即興で感想を述べたり，あげ足を取るような質問をしたり，矛
盾する意見に対しては反例をあげて反論を加え，生徒を「立ち往生」させます。

〈意見①の生徒への反駁の演示〉

　T: Will we really have a pocket-size computer that can understand human languages so soon? If you don't have such a compact size computer, what will you do?

（この授業を実施した当時は，まだ，モバイルコンピュータで瞬時に翻訳など夢物語の感がありましたが，ITの目覚しい発達で，現在ではすでに現実のものとなりました。）

〈意見②の生徒への支持表明の演示〉

T: You have a very good point! If I lose my job as an English teacher, my family won't be able to eat and live!

③ テーマの選定と指導計画の作成

　以上のような opinion-making の練習を経て，ディベートを扱った教科書本文を学習し，ディベートでの意見のやり取りを分析し，進め方の手順を解説するなどのまとめの学習を行った後に，最終的に7時間計画でのプロジェクト・ワークとして学年末の「英語ディベート大会」を実施しました。

　グルーピングは，第3章5（3）で紹介した「記者会見」の場合と同様に，クラスを5人からなる8グループに分けてチームを編成しました。テーマ設定では，できるだけ生徒にとって身近で，特別なリサーチをしなくても個人の生活体験から意見を構築できるものを選びます。8グループで，4つの debate match を実施するので，次の4つのテーマを選定し，各チームにくじを引かせて，取り扱うテーマと対戦相手を決定しました。当時は学校完全週5日制が実施される前でしたので，Topic 3 が入っています。今なら，Schools should have classes on Saturdays. とすればよいでしょう。

Let's Have a Debate! 〈Topics〉

You will be given one of the four topics as follows.
Your topic and side are determined by lot.
Mark your topic and side in □.

☐　Topic1　"Junior high school students should have a part-time job."

（☐　Affirmative Side　☐　Negative Side）

☐　Topic2　"School year should begin in September."

（☐　Affirmative Side　☐　Negative Side）

☐　Topic3　"Schools should not have classes on Saturdays."

（☐　Affirmative Side　☐　Negative Side）

☐　Topic4　"All the junior high school students should belong to a club."

（☐　Affirmative Side　☐　Negative Side）

　次にディベートの準備（preparation）から本番までの指導計画を示します。このようなプロジェクト・ワークでは，開始時点で活動計画の全体像を明らかにして，生徒たちに見通しを持って準備を進めさせることは，第3章6（p. 122）で述べたとおりです。

Time Allotment: 7 periods

（5 periods for preparation & 2 for debating）

No	Date	Steps	Main Contents	
①	2/20	Preparation 1	To determine the topic and side, individual brainstorming about the topic, group meeting to choose the main points	
②	2/21	Preparation 2	Group meeting to make up the opinions in English, to predict the other side's viewpoints to prepare for the cross-examination	
③	2/22	Preparation 3		
④	2/24	Preparation 4		

—After the terminal exam—

No	Date	Steps	Main Contents	
⑤	3/6	Preparation 5	The final group meeting for the debate	
⑥	3/9	Debate 1, 2	To have a debate on topic 1 & 2	Chairperson: (ALT) Ms. Bailey
⑦	3/10	Debate 3, 4	To have a debate on topic 3 & 4	

④ 事前指導の内容と指導上の留意点

　第1時間目の冒頭，指導計画を説明し，担当するテーマと肯定側／否定側の
サイドを決定した後，次に示すプリントを配布し，決まったテーマについてブ
レーン・ストーミングを行わせ，各自，思いつくままに意見を日本語でメモさ
せます。

　その後，リストアップした意見の中から，最も説得力があり，かつ自分が英
語で表現できそうなものを自分の推薦するメイン・アイデアとして選ばせま
す。この個人活動を経て，グループ討議に移らせ，5人で相談のうえ，ディ
ベートで主張する3〜4の論点を決定させます。

〈Brainstorming ―アイデア出しと整理〉

Your Topic: _____

【Task1】―Individual Work

　Think about your topic and list the points that come into your mind one
after another in Japanese. Try to list as many points as you can.

  1. _____
  2. _____
  ⋮
10. _____

【Task2】―Individual Work

　From the list above, choose three points that you think are important, and
circle the numbers of them. Also, think why they are important.

【Task3】―Group Work

　Show the points to one another in your group, discuss and choose some
most important points.

　第2時間目には，ディベート実施に当たってのルールと進行手順，および5
人の役割分担について次のプリントを配布して説明し，指導します。

〈Rules, Format & Roles of the Debate〉

【1】 Rules

1. Procedure:

・ひとつのディベートの対戦は，【2】の手順で司会者（chairperson）の指示に従って 20 分間で実施し，ジャッジの判定により，勝敗を決します。

2. Debaters:

・役割を分担し，グループの 5 名全員が発言の場を持とう。

（ワンマン・チームでは勝てません！　5 人のチーム・ワークこそが勝利の決め手です！）

・意見の準備では，

  a. グループで協力して，相手につけ入るスキを与えず，ジャッジにアピールする説得力のある意見を考えよう。また，相手の主張の論点を予測し，対策を考えておこう。

  b. 言いっ放しではなく，because … の形で，意見の根拠を示したり，For example … の形で，意見をサポートする具体例を示そう。

  c. 難しい単語や表現の使用は極力控えよう。パワフルな主張をするためには，自分たちの身丈に合った英語を使うのが大切です！

  （相手に理解されてこそのコミュニケーション！　やむを得ず，相手チームの知らないであろう難しい単語を使う場合は，あらかじめ相手チームに「語彙リスト」を作成して渡そう。）

・意見の発表では，

  a. 暗唱の必要はないが，うつむいて原稿を読むのではなく，できるだけ顔を上げて，相手の顔を見て「堂々と」主張しよう。

  b. "Useful Expressions for Debating"（別紙）の表現を使ってみよう。

  c. 相手側の意見発表中は私語をせず，しっかりと論点を聞き取ろう。

3. Judges:

・ジャッジたるもの，ディベートの最中は静粛に！

・両チームの意見や質疑応答をよく聞き，ジャッジペーパーに記録しよう。

・エコひいきは禁物！　公正な立場に立って判定しよう。（勝敗は，30人の
ジャッジの挙手で決定します。）

【2】Format & Roles（進行計画と役割）

　　　　　　　　Procedure &〈Time〉　　　　　　　　　Speaker

① Proposal of the Topic by the Chairperson　〈1 min.〉

　　　　↓　……　司会者による論題提案……　Ms. Bailey

【Round 1】↓

② Affirmative Presentation　〈2 min.〉

　　　　↓　……　肯定側立論……〔　　　　　　　　　&　　　　　　　　　〕

Preparation Time　〈2 min.〉

　　　　↓　……　作戦タイム

③ Negative Cross-examination　〈3 min.〉

　　　　↓　……　否定側からの質疑…（　　　　　　& volunteers）

【Round 2】↓　　　　肯定側からの応答…〔　　　　　　& volunteers〕

④ Negative Presentation　〈2 min.〉

　　　　↓　……　否定側立論……（　　　　　　&　　　　　　　　　）

Preparation Time　〈2 min.〉

　　　　↓　……　作戦タイム

⑤ Affirmative Cross-examination　〈3 min.〉

　　　　↓　……　肯定側からの質疑…〔　　　　　　& volunteers〕

【Round 3】↓　……　否定側からの応答…（　　　　　　& volunteers）

⑥ Negative Rebuttal　〈1 min.〉

　　　　↓　……　最終アピールとしての否定側反駁…（　　　　　　　）

⑦ Affirmative Rebuttal　〈1 min.〉

　　　　↓　……　最終アピールとしての肯定側反駁…〔　　　　　　　〕

【The End of the Debate】

⑧ Voting by the Judges　〈2 min.〉

　　↓　……審判員（30 名）の挙手による勝敗判定

⑨ | Announcement of the Winner & Comments |　〈1 min.〉… Ms. Bailey

-----

　説明後，進行手順をふまえて作成した Preparation Sheet（1）を配布し，前時に決定したグループのメイン・アイデアをもとに，最初の立論用，最終反駁用の意見の構築とその英訳に取り組ませます。なお，opinion-making に際しては，次の役立つ表現集を配布して活用させました。

〈Useful Expressions for Debating ―ディベートで使える便利な表現集〉

【1】　For Presentation & Rebuttal　…手元に置いて使ってみよう！

　A.　Indicating the order of points for presentation〔論点を順序だてる〕

　　　1.　First, …　Firstly, …　First of all, …　（まず最初に）

　　　2.　Second, …　Secondly, …　The second point is …　Next, …

　　　3.　Third, …　Thirdly, …　The third point is …　Another point is …

　　　4.　Finally, …　Lastly, …　The last point is …　（最後に）

　　　5.　In conclusion, …（結論として）To summarize, …（まとめれば）

　B.　Stating an opinion〔意見を述べる〕

　　　1.　I/We think …　I/We believe …　I'm sure …

　　　2.　In my/our opinion, …

　　　3.　It seems (to me) that …（…のように思える）

　C.　Stating a fact〔事実を述べる〕

　　　1.　As you know, …　As everybody knows, …（ご存知のように）

　　　2.　According to 〜, …（〜［人や書物，新聞など］によれば）

【2】　For Cross-examination　…攻撃は最大の防御，敵を論破しよう！

　D.　Challenging a person or a group〔敵側に反論する〕

　　　1.　I/We have a question to Mr. _____.

　　　2.　Ms. _____ said …, but I/we don't think so. I/we think 〜.

　　　3.　I/We disagree with Mr. _____ because …

　　4.　You said …, but it's not true/it's wrong! Your idea is quite wrong.

E.　Supporting your teammates〔仲間を擁護する〕

　　1.　I completely agree with Mr. _____(because …).

　　2.　Miss _____ is right. ／ Mr. _____ made a very good point.

　　3.　As Mr. _____ said, … I think he's right.

　第3時間目には，opinion-making の作業を継続させながら，グループごとに助言を行います。このときの教師のサポートは重要で，論点の明確さや意見の論理性について助言するとともに，できるだけ易しい語彙や構造で表現できるよう示唆を与え，方略的能力（strategic competence）の伸長を図ります。ALT がいればグループの個別指導を分担して行うと効率的です。

　さて，自分たちの論点を整理し意見を英語で準備できたとしても，ただそれを発表し合うだけではディベートにはなりません。相手の論点を理解して，弱点を突く質問をしたり，反論を加えて論破したり，逆に相手サイドからの質問や反論に答えたりできなければディベートにはなりません。立論は完全に準備できますが，質疑応答（cross-examination）は即興での対応が要求されます。第3章5(2)で紹介した「記者会見」の「ぶっつけ質問」（p. 108）と同じで，ここが活動の山場となる実践的部分です。「準備」（preparation）と「即興」（improvisation）の兼ね合いを取りながら，「準備できないことを予測のもとに準備させる」ことがディベート指導のポイントとなります。そこで，立論や反駁の英文がほぼ完成に近づいた第3時間目の終了時に，Preparation Sheet (2) を配布し，相手側の立論を予想して日本語で箇条書きにし，それを覆すための質問をできるだけたくさん用意させます。また，自分たちの立論に対する相手側からの質問を予測して箇条書きにし，それに対する応答を準備させます。

　第4～5時間目は主として cross-examination のための準備に当たらせます。2種類の準備シート（Preparation Sheet (1), (2)）が完成したグループには，それらを使って意見発表や質疑のリハーサルに取り組ませます。

　次に〈Topic 1〉に関する準備シート (1), (2) の作成例を示します。

〈準備シート（1）の作成例―肯定側立論〉

Preparation Sheet for the Debating (1)
-for Presentation & Rebuttal-

[A 組 2 班]

Main Topic	Junior high school student should have a part-time job

A. Opinions for Presentation (2 min.) (Speaker① Kishigami ②Unno)

Junior high school students should have a part-time job. We can learn many things while we are students. At that time we should have a lot of experiences. For example, studing, talking, and working. If we have part-time jobs, we can taste of society life.

First, we can meet many kinds of people through the jobs, and have many merrit. For instance, we learn how to speak good expressions, and how to go along with other person, and how to understand their mind.

Second, we think about money. We can't talking about part-time jobs without money, you know. A lot of junior high students get some spending money from their parents. They can get it without doing anything. So, they don't think about money enogh and they think money is unimportant. But when they experienced part-time jobs, they can notice it is hard to get money, and don't waste money.

Third, we understand about the job that we experienced. And we can find the thing that we really want to do. So we can choose our job well when we need work in the future.

To summarize, part-time jobs made us grow up a little, so we can go out into the world smoothly when I become adult. Therefore we can call a part-time job "a school studying sociality". Part-time job is a real studying. So junior high school student should have a part-time job.

B. Opinions for Rebuttal (1 min.) (Speaker③ Hashimoto)

Generally speaking, "Experience without learning is better than learning without experience". We learned a lot of things in these three years, but can't you say "No". Then now we need for us to see more, to talk more, to move our body more. Part-time job make us do these thing. If we have job, we get many troble and mistake. That time, if you can ask yourselves "How do I do more better than before?" it is not to be a mistake in your all life but to be your real experience. We learn and we experience, that must be really education, isn't it?

〈準備シート（1）の作成例—否定側立論〉

Preparation Sheet for the Debating (1)
-for Presentation & Rebuttal-

【A 組 7 班】

Main Topic	Junior high school students shouldn't have a part-time job.

A. Opinions for Presentation (2 min.)　　　(Speaker① Mr. Nishida . ② Mr. Nakagawa)

We think there are two reasons why junior high school students want to have a part-time job. They want to learn many things, and want to do a part-time job which they like. So they would like to have a part-time job. But we are only fifteen, so there are few jobs we can choose. We may not get jobs we like. And if we take a big mistake we don't take care of ourselves. For example, we mustn't pay a lot of money for big mistake and so on.

Next, if we have a part time job we lose time. For example time to study, sleep and communication with our families. Now our important, big job is studying. So we should think about studying in the first place. We're growing now. So we needs a lot of time to sleep. And it is important for us to talk with our parents. If we have a part-time job we lose these time.

When you need money don't you want to get a job? Yes, this is another reason to have a part-time job. We can get money without working. For example, I help my father and get spending money. In conclusion, we are too young to have a part-time job.

B. Opinions for Rebuttal (1 min.)　　　　(Speaker③ Ms. Masuda④)

There are junior high school students who have a part-time job. For example newsboys. They need money by all means, so they work. But junior high students who want to have a part-time job almost don't have this reason. They just want to do a part-time job or want money for buying something. But sometimes to endure is important for us. We can get money when we help mother or father. So we don't have to have a job. And we have many things to study before working. Now time to study and time to play are most important. So junior high school students shouldn't have a part-time job.

〈準備シート（2）の作成例―否定側質疑応答準備〉

Preparation Sheet for the Debating (2)
-for Cross-examination-

【 A組 7班 】

Main Topic	Junior high school students shouldn't have part-time job.

C. Prediction of Questions from the Other Side (in Japanese) & Answers to Them (in English) (3 min.)

（Speaker① Mr. Minami ）

・勉強は集中してしたらよい…

▷ If we have a part-time job we have no time because part-time jobs need a long time. If we don't have it, we can study for long time.

・バイトの範囲がせまいのはなぜか？

▷ We don't have license, so we can't choose so many part-time jobs.

・アルバイトをしたらいろいろなことを学べるのではないか？

▷ We have many things to study before working. So we are going school now.

D. Prediction of the Other Side's Opinions (in Japanese) & Questions to Them (in English) (3 min.)

（Speaker② Ms. Noraka ）

・人生の経験が豊かになるためには、働くことも必要だ

▷ If junior high school students get a job, they can't choose so many jobs. Therefore it isn't good lesson for them

・お金が欲しい

▷ If we have a lot of money we buy many unnecessary things. We think it's not good. So we have to learn to endure.

　第5時間目には，多くのグループがリハーサルに取り組みましたが，その際，次ページに掲載するディベート大会で配布する審査用紙（Judge Paper）を事前に配布し，主張の論理性や説得力，意見発表者の視線（eye-contact），cross-examination における質問回数・応答回数とその内容などの審査項目を生徒たちに知らせることにより，本番の活動での努力目標を周知し，意識して取り組むようにしむけたのは，「記者会見」の場合と同様です。

⑤ ディベート大会の実施

　以上のような事前指導を経て，「卒業記念・英語ディベート大会」を2日間に分けて実施しました。生徒の活動の様子をご覧ください。

〈写真①：肯定側の立論風景〉

〈写真②：作戦タイム時の様子〉

〈写真③：肯定からの質疑〉

〈写真④：ジャッジの挙手による判定〉

　大会には ALT も招き，司会進行を務めてもらうとともに，生徒たちの3年間の英語学習を総括する講評を述べてもらいました。

　本番の質疑応答（cross-examination）では，事前の予想が当たってかなり

〈Judge Paper 記入例〉

Let's Have a Debate! — Judge Paper

Judge's Name: 　　　　　　　　　　Class (3-A) No.(　)

Topic 1: Junior high school students should have a part-time job.

Sides→	Affirmative (Group: A-2)		Negative (Group: A-7)	
Steps↓	Students' Names	Points	Students' Names	Points
Presentation	論理性・説得力 Mr. Kishigawa	10 ⑨ 8 7 6 / ⑤ 4 3 2 1	論理性・説得力 Mr. Nakogawa	10 9 ⑧ 7 6 / 5 4 3 ② 1
	Eye-contact		Eye-contact	
	論理性・説得力 Ms. Unno	10 9 ⑧ 7 6 / ⑤ 4 3 2 1	論理性・説得力 Mr. Nishida	10 9 ⑧ 7 6 / 5 4 ③ 2 1
	Eye-contact		Eye-contact	
Negative Cross-examination	Mr. Kasai 1回の解答につき1点 関連があれば加算3点	① ② ③ ④ 5 / 6 7 8 9 10 / 11 12 13 14 15 / 16 17 18 19 20	Mr. Minami Mr. Nishida 1回の解答につき1点 関連があれば加算3点	① ② ③ ④ 5 / 6 7 8 9 10 / 11 12 13 14 15 / 16 17 18 19 20
Affirmative Cross-examination	Ms. Yoshifuji Mr. Kishigawa 1回の解答につき1点 関連があれば加算3点	① ② ③ 4 5 / 6 7 8 9 10 / 11 12 13 14 15 / 16 17 18 19 20	Ms. Nonaka 1回の解答につき1点 関連があれば加算3点	① ② 3 4 5 / 6 7 8 9 10 / 11 12 13 14 15 / 16 17 18 19 20
Rebuttal	論理性・説得力 Mr. Hashimoto	10 ⑨ 8 7 6 / 5 4 ③ 2 1	論理性・説得力 Ms. Masuda	⑩ 9 8 7 6 / 5 ④ 3 2 1
	Eye-contact		Eye-contact	
Total Points		45		42

* Your Comment: 2班は全体的にすごくスムーズで、7班に比べてよく発言できていた。7班はもっと大きな声ではっきりと話してほしかった。

スムーズに進行したグループもあれば，予想外の展開となって相当部分を即興で対応しなければならなくなり立ち往生したグループ，それでも仲間と助け合って詰まりながらも，なんとか切り抜けたグループも見られました。指導者として，ハラハラしながらも，生徒たちと楽しい時間を共有することができました。

　次に示すのは，この活動を終えた後の生徒の感想の一部です。

・自分の意見を英文で書き，みんなに話す。相手の意見を聞き，即，反論する。ディベートは英語の力を総動員して行うので，自分の力の目安にもなっていいと思う。特に人前で意見を言う度胸がついたのがよかった。
・相手の出方も予想しながらチームメートと協力して立論を考えるのが楽しかった。特に，自分の考えた意見で相手が困るのを想像すると，やる気がムラムラとわいてきた。とにかく勝ててバンザイ！
・今まで以上に自由度の高い活動でおもしろかった。「英語を話す」じゃなくて「英語で話す」というのが少しできたような気がする。英語を使っているという実感があった。
・日本語でも自分の意見を言うのは難しいのに，英語でやるのはとても疲れた。しどろもどろになりながらも英語でキャッチボールができたことに感動した。英語はだいぶ間違ったと思うけど，みんなで一生懸命作った意見が相手に通じ，ベイリー先生にもわかってもらえたときには涙が出るほどうれしかった。まだまだ自分の考えをパッと英語にできなかったけど，今後の課題が見つかった。
・日本語でやるとどうしてもあいまいな方に流れて，賛成か反対かわからないようなことを言ってしまうが，英語だと気にせずに結構ハッキリと言えるもんだと思った。

　以上，中・長期的視点に立って，達成状況の把握が可能な具体的活動目標を設定し，その最終目標の実現に向けて，バックワード・デザインで「点」として存在する授業を「線」で結ぶ指導の実践事例を2つ紹介しました。かなりの

ページ数を費やしましたが，「点を線で結ぶ指導」の意味を具体的につかんでいただけたでしょうか。

5　内省による授業改善
—今日の授業を振り返り，明日の授業に生かす—

　本章のまとめとして，これまで述べてきた観点から，日々の授業を振り返り内省（reflection）するポイントを整理してみましょう。授業の根幹に関わると思われる大きな5つの点に絞って，今日の授業を自己診断し，明日の授業を設計する視点を，より上位の概念から Top-down アプローチの「バックワード・デザイン」（backward design）で列挙します。

① 指導目標の設定は具体的か

　「三単現の-s に習熟させる」といった文法事項順送りの目標設定ばかりではなく，「友だちや先生を英語で紹介できる」など，コミュニケーションを意識した具体的な目標（behavioral objectives）を設定し，「今日は英語でこんなことができるようになった」という成就感，達成感を生徒に味わわせることをめざしたいものです。いかなる目標を設定するか，先も見通す中でそれが妥当なものであるかどうかが授業づくりの第一の要であり，チェック・ポイントとなります。「生徒に何をできるようにさせたいのか」，授業の到達目標自体が曖昧であったり，設定した目標が生徒の興味・関心や学力レベルと大きくずれていたりすれば，授業は行う前から「不戦敗」です。

② 目標を達成するための指導過程は適切か

　具体的で妥当な到達目標（CAN-DO）が設定できたとすれば，次は，生徒を目標達成へと無理なく導く，スモール・ステップをふんだ道筋（＝teaching procedure）が設定されていたかどうかがポイントです。どこかで生徒がつまずいた場合，活動や指導内容自体に問題があったのか，それとも進める手順に問題があったのかをよく吟味してみることです。十分なレディネス（readiness）なしに次の段階に移れば，当然の結果として生徒は挫折します。一連の

4つの活動を行う際，なぜ，「1→2→3→4」の順序であって，「2→3→1→4」の順序では駄目なのかを自問自答し，その答えを持つことが授業設計のポイントとなります。一つひとつの活動の目的を明確にして指導に当たることが，これを検討する前提となります。

③ 各指導過程の話題や活動に継続性や発展性はあったか

個々の活動やそのまとまり（chunk）が目標達成の手段として妥当で効果的なものであっても，それらの間に何の関連や脈絡もなく，単発でバラバラな活動（＝点）の集合体になってはいないでしょうか。そのような場合，生徒は思考の流れを絶えず寸断されて思考分裂状態に陥り，授業に一貫性がなくなり，いわゆる「流れのある授業」とは正反対の様相を呈することになります。いろいろなことを盛りだくさんに行わせたが，生徒には，結局何ひとつ残らなかったという授業の原因はここにある場合が多々見られます。「今日の英語の時間には何を学習したの？」という問いに，「たくさん……　いろいろ……」というような答えが返ってくるようであれば，結局何も身についていないと考えるべきでしょう。日直の生徒が記録する「学級日誌」があれば，放課後，何が書かれているか覗いてみましょう。英語の「授業内容」の箇所に「いろいろ」などと書かれてはいませんか？

④ 生徒が意欲的に参加できる活動の場を工夫して提供しているか

「受け身ではなく，積極的，主体的に授業に参加しなさい」と生徒たちに言ったところで，授業自体が教師主導（teacher-centered）で生徒の活動の場がなければ，参加しようにも参加のしようがありません。クイズ，ゲームなど遊びの要素を活動に加味するなど，生徒が楽しみながら学べる工夫が必要であると同時に，活動を生徒の年齢や知的レベルに少しでも近づける配慮も不可欠です。小学校3年生から英語が必修化された現在，幼稚な「ごっこ遊び」では中学生のやる気をなくさせるのは明らかです（"Beyond fun and games!"）。生徒の個性・創造性を引き出す学習者中心（learner-centered）のやりがいのあるchallengingな活動も発展的に位置づけることで，授業が生きたコミュニケーションの場に生まれ変わります。「どうせ，うちの生徒たちにはこの程度

しかできないだろう」と決めてかかるところに「新たな発見」はありません。生徒にとって楽しい授業の前提は，指導する教師自身が授業を楽しむことです。「この生徒たちと，こんなことができないだろうか？」，「どうすれば，それを実現できるだろうか？」という挑戦的発想で授業を考えましょう。一人ひとりの生徒が発するメッセージに共感的なフィードバックを返すことで，生きたインタラクションの場が生まれ，授業に「血が通い」，そこから生徒と教師の信頼関係（rapport）も生まれてきます。さまざまな内容やレベルの活動を，個人・ペア・グループ・一斉などいろいろな形態で体験させることで，生徒に「今日は何をするのだろう？」という期待感を抱かせるような授業をめざしましょう。

⑤ 生徒の誤りへの対応は適切か

　実施する活動が文構造や文法規則の定着を図る「学習活動」であるのか，目的を持って実際に学習言語を使うことによって運用能力を高める「コミュニケーション活動」であるのか，個々の活動のねらいを明確にすることで，評価の規準や誤りへの対処法も違ってきます。前者の「学習活動」においては，文法的誤りはきちんと訂正し（否定的，高圧的ではなく，学習意欲を高める訂正の仕方を工夫しましょう），正しい形の定着を図ってやらねばなりません。一方，後者の「コミュニケーション活動」においては，伝達するメッセージの内容に重点を置き，いちいち活動を中断（teacher intervention）させて，伝達に支障のないような細かな誤り（local errors）を逐一訂正すべきではありません。生徒の誤りには寛容な姿勢で臨むようにし，伝達を阻害するような大きな誤り（global errors）には手助けが必要ですが，それ以外は活動後の指導でフォローアップするのがよいでしょう。コミュニケーション重視の授業だからといって，「間違い何でも通し」では，生徒が誤りを誤りとは気づかず，間違ったまま定着し修正が効かなくなる「誤りの化石化」（fossilization）を起こす恐れがあります。生徒のどのような誤りを，いつ，どのように訂正するかの判断が大切です。

　以上の観点を，第2章3（pp. 45-47）に示した1単位授業（50分）の授業

展開の基本モデルに当てはめて，授業設計の手順と指導過程の順を追って作成した「Top-down 授業診断リスト」を 187〜188 ページに掲載しておきます。これは，筆者が英語授業研究学会や教育委員会主催の教員研修会等で研究授業を分析助言する際に注視している観点をリストにまとめてみたものです。授業準備の際や，授業後の内省に役立てていただければ幸いです。

　本章では，授業での実践事例を紹介しながら授業づくりと内省の視点をまとめてみましたが，独力では授業改善に限界があることも事実です。校内や地域の研修会，学会や民間団体の研究会などで，ともに学ぶ仲間を見つけ，それぞれの悩みや課題を共有し，例えば，自分の指導上の問題点を特定してその改善のための仮説を立て，授業実践と内省のサイクル（reflective cycle）を繰り返しながらそれを検証し授業改善にあたる「アクション・リサーチ」（Action Research，4 章 3（3）p. 129）を 試 み る（Richards and Lockhart 1994，Wallace 1998，緑川 1999，佐野 2000，2005，髙橋 2011），あるいは，自分の授業を公開し，自己の問題意識を明らかにして，観点を定めて参加者とともに率直に討議することを通して，具体的な示唆や助言を得たり，改善の糸口を見つける（英語授業研究学会 2001-3，樋口・緑川・髙橋（編著）2007）など，同僚や仲間と協力したり，助けを借りたりする場も率先して見つけたいものです。

　これらには，少なからず，労力と勇気が必要です。でも，一人の教師，すなわち，あなたのうしろには 100 人から 200 人もの生徒たちがいるのです。自分一人の限られた経験や発想を超える発見や新たな視点が見つかることでしょう。

　「教師が変われば，授業が変わる。授業が変われば，いつか必ず生徒たちも変わる。」絶え間のない日々の授業改善への取り組みは，教師人生そのものです。教師としてのあなたの成長（professional teacher development）が，生徒たちの成長を促します。

作成：高橋一幸

Top-down 授業診断リスト（V.2）

授業者		学年		授業の
学校名				テーマ

《LEVEL 1》単元の指導目標と授業計画の全体的診断

		Check		Memo.
①	指導目標の設定は妥当か（知識・技能，思考・判断・表現，人間性・主体的学び）			
②	目標を達成するための指導計画は適切か（系統性・発展性，四技能五領域のバランス，困難点の予測と時間的保証）			
Comments				

《LEVEL 2》本時の指導目標と授業設計，授業実践の総合的診断

		Check		Memo.
①	指導目標の設定は具体的かつ妥当か			
②	目標を達成するための指導過程の設計は適切か			
③	各指導過程の話題や活動の一貫性（継続性や発展性）			
④	生徒を生き生きと積極的に学習させる工夫			
⑤	活動の種類や形態（個人，ペア，グループ，一斉）の variety			
⑥	生徒が個性・創造性を発揮できる場の設定			
⑦	生徒の誤りに対する適切な対応			
⑧	英語の使用，生徒と教師の発話や活動のバランス			
⑨	教師と生徒間のラポート			
⑩	目標を達成し，生徒に成就感を味わわせ，学習動機を高めることができたか			
Comments				

《LEVEL 3》各指導過程の個別診断

A. Warm-up　［時間　　：　～　：　．配当時間　　分］

		Check		Memo.
①	授業へのレディネス（英語学習への頭の切り替えや興味づけ，雰囲気づくり）			
②	活発な英語学習のための"たん切り"はできたか			
③	長期的な見通しを持って活動を学案／選択しているか			
④	（スピーチなどを行わせる場合の適切な運営：指導（発表のさせ方，発表者以外の生徒の活動，教師・生徒からのフィードバック等）			
Comments				

B. 復習　［時間　　：　～　：　．配当時間　　分］

		Check		Memo.
①	本時の新しい学習に関連する既習事項を生徒に鮮明に想起させているか			
②	全体および個々の生徒の理解度を適切な方法で把握しているか			
③	前時の学習のくり返しに終わらず，発展させているか			
④	本時の学習（C／D）に入るためのレディネスをつくることができたか			
Comments				

C. 新しい文構造・文法事項の導入と展開

【時間　：　～　：　】　配当時間　　分）　Check　Memo.

		Check	Memo.
①	身近で興味深い話題を選び、生徒のスキーマを活性化させながら導入しているか		
②	音声から文字への原則をふまえ、視聴覚教具等を効果的に使用しているか		
③	生徒を受け身にさせず、インタラクションを図っているか		
④	十分なインプットを与え、意味を類推させた後、形に気づかせているか		
⑤	全体および個々の生徒の理解度を適切な方法で把握しているか		
⑥	板書など文字の提示活動のタイミング・内容が適切で、説明は簡潔明瞭か		
⑦	意味を伴った学習活動が十分に行われ、新しい構造を定着させたか		
⑧	コミュニケーション活動に発展させ、使わせる中で定着を図っているか		
⑨	活動の指示が明確で、活動中・活動後の指導は適切か		
⑩	場面や機能などコミュニケーションの観点から実施された活動は妥当か		

Comments

D. 教科書本文の導入と展開

【時間　：　～　：　】　配当時間　　分）　Check　Memo.

		Check	Memo.
①	生徒の興味関心を引きつけ、わかりやすい導入（話す速度の調節、言い替え、くり返しなど）をしているか		
②	音声から文字への原則をふまえ、ICTや視聴覚教具等を効果的に使用しているか		
③	生徒を受け身にさせず、インタラクションを図っているか		
④	全体および個々の生徒の理解度を適切な方法で把握しているか		
⑤	教師がすべてを与えてしまわず、生徒に聴解や読解のタスクを与えているか		
⑥	本文には現れない背景知識等もあたえ、題材内容の理解を深めさせているか		
⑦	文字の提示や展開本のタイミングは適切か		
⑧	単語や語句の意味やつづり字、発音等に関する指導は適切か		
⑨	音読指導は段階的に十分に行われているか		
⑩	生徒の思考を促し、読んだことをもとに、書くこと、話すことなど他の技能に発展させているか		

Comments

E. 本時のまとめ

【時間　：　～　：　】　配当時間　　分）　Check　Memo.

		Check	Memo.
①	本時の学習のポイントが生徒に明確に伝わり、理解されているか		
②	適切な整理と補強・強化が行われたか		
③	宿題に対する動機づけがなされ、内容・分量ともに適切か		
④	次時の学習への動機づけ（状線・布石）		

Comments

《RECOMMENDATION》

㉑ 次時に向けて、まず改善すべき点

㉒ 今後も伸ばしたい良い点

第6章

英語授業で何を教えるのか
―学校英語教育の目的―

1 何のための「コミュニケーション能力」？

　さて，第3章及び第5章では，「オリジナル・スキット・プレイングの指導」，「ロール・プレイ：記者会見からニュース生中継へ」，「コミュニケーション・シートを活用したSVOの指導」，「オピニオン・メーキングからディベートに至る指導」という総合的・創造的・統合的コミュニケーション活動の4つの事例とそれぞれの授業設計と指導のポイントについて詳しく紹介しました。

　中・長期的視点に立って到達目標を定めてそれを活動化し，その活動を具体的な最終目標としてバックワード・デザイン（backward design）で指導を設計するのは，筆者自身の経験から言っても容易なことではありません。構想，準備そして実践には相当な時間と労力を要することは事実です。なぜ，そんなに苦労してまでやる必要があるのでしょうか。

　学習指導要領に，「言語活動を通して，情報や考えなどを理解したり表現したり伝え合ったりするコミュニケーションを図る資質・能力を育成する」，「主体的にコミュニケーションを図ろうとする態度を養う」と書いてあるから。それだけでは答えにもなりませんし，実践へ踏み出すエネルギーの源としてはいかにもパワー不足です。なぜ，日本人の生徒に「主体的に外国語を使ってコミュニケーションを図ろうとする態度」を，なぜ，外国語（英語）の「コミュニケーション能力」を育成しなければならないのでしょうか。これは教育者として考えるべき根源的な問題です。

　　・何のための「主体的態度」？

・何のための「コミュニケーション能力」？

　これを考えてみることは，とりもなおさず，公教育としての学校英語教育の目的を考えることにほかなりません。

2　学校英語教育に対する批判

　わが国の学校英語教育は，過去，強烈な社会的批判にさらされてきました。典型的なものは，「中高6年勉強しても，手紙一本書けない，電話一本かけられない」など，英語運用能力，すなわち技能面の熟達度（proficiency）の低さに対する批判です。挙げ句の果てには，「巨泉のこんなモノいらない!?」というテレビ番組のテーマとして取り上げられたことさえあります。

　かなり古い話になりますが，1974年4月に自民党政務調査会に「外国語教育の現状と改革の方向」と題する一つの試案が同党国際文化交流特別委員会副委員長・参議院議員の平泉 渉 氏（1929〜2015）より提出されました。いわゆる「平泉試案」です。試案は概略次のような内容でした。

・現在は事実上，日本の青少年の全部に近い数のものが6年間にわたって毎週数時間の英語の授業を受けながら，その成果は，全くあがっていない。全国民の師弟と担当教職者とが，外国語の学習と教育のために払っている巨大な報われない努力を見るとき，なんとかしなくてはならない文教政策上最も重要な課題の一つである。

・その理由の第一は，英語ができなくても日本の社会では困ることはないし，受験のための必要悪に過ぎないため，学習意欲が欠如していること，第二には受験英語の程度が高すぎるので，学習意欲を失わしめること，第三には教授法がなっていないこと。

・外国語は社会科や理科のような国民生活に必要な知識でもないし，数学のような基本的思考方式を訓練する知的訓練でもなく，それは膨大な時間をかけて習得される暗記の記号体系であって，義務教育の対象とすることは本来無理である。

・したがって，義務教育では「世界の言語と文化」という教科を設け，基本
　的な常識を授けるとともに，実用上の知識としては，現在の中学 1 年生終
　了程度までの英語を教えるにとどめ（この程度の知識すら現在の高校卒業
　生の大部分は身につけるに至っていない），高校では厳格に志望者のみに
　外国語を教えることとし，大学入試から外国語をなくする。ただし，高校
　で外国語を志望した者には，毎日少なくとも 2 時間以上の訓練と，毎年
　1 ヵ月以上にわたる完全集中訓練とを行うこととし，全国規模の能力検定
　制度を実施して「技能士」の称号を設ける。そして，国民の約 5 ％が英
　語の実際的能力を持つこと（このことにより，将来的には約 600 万人の英
　語の実用能力者を保持できる）が望ましい。

　この平泉試案に対して，上智大学教授の渡部昇一氏（1930〜2017）が真っ向
から反論する論文「亡国の『英語教育改革試案』」を雑誌『諸君！』（文藝春
秋）に掲載，以来，数回に及ぶ論争が展開されました。この論争は，『英語教
育大論争』（平泉・渡部 1975）と銘打たれ，大きな社会的反響を呼んだものです。
（20 年後の 1995 年に文春文庫の一冊として文庫版が出版されました。読んで
みれば現在に当てはめても種々考えさせられるべき点が見つかります。）

　義務教育から英語教育を原則としてはずし，高校では厳格な選択制のもとに
学習意欲のある少数精鋭に徹底訓練を施すという平泉試案は，小・中・高の外
国語（英語）が必修教科となった今日の目から見れば隔世の感があります。ま
た，聖徳太子の時代から日本の風土に歴史的に根付いてきた実用語学としてよ
りも詳細な文法・読解訓練を通して母語である日本語と格闘する外国語学習は
知的訓練になり，多くの学生もそれを望んできたという渡部氏の論点も，グ
ローバル化した現代の世界と日本社会のニーズから考えると不十分に思われます。

　1975 年（昭和 50 年）当時の論争ですので，両氏の主張を，平成を経て令和
時代を迎えた現在の感覚で批判することは適当ではありません。ただし，平泉
試案の中に出てくる「6 年間にわたって毎週数時間の英語の授業を受けなが
ら，その成果は全くあがっていない」という言葉は今日なお学校英語教育に浴

びせられる批判であることに変わりありません。技能面の熟達度に対する失望から生まれる批判です。当時以上に強い社会的要請と，それを踏まえた「実際のコミュニケーションにおいて活用できる技能を身に付ける」，「コミュニケーションを行う目的や場面，状況などに応じて，日常的な話題や社会的な話題について，外国語で情報や考えなどを理解したり，これらを活用して表現したり伝え合ったりすることができる力を養う」という学習指導要領の総括目標もある今日，技能の向上を求める声に応える責務があることは当然で，そのためにも我々英語教師はよりよい教育実践を探求せねばなりません。

　しかし，「外国語（英語）」は，膨大な時間をかけて習得される「暗記の記号体系」であって，「義務教育の対象とすることは本来無理」であり，高校では志望者のみを対象に徹底的訓練を施し「国民の5％程度」の真の運用能力を有する熟達者を作れればよい（そうすれば「日本の国益は守れる」と筆者は深読み(?)してしまうのですが），とまで言われると，「ちょっと待ってください」と言わねばなりません。これは，学校教育，公教育としての「外国語（英語）」の存在意義を全否定するに等しいからです。

3　授業を通してどんな生徒を育成したいのか？

　例えば，「英語」と同じように技能を伴う教科である「音楽」を考えてみてください。「小・中9ヵ年，音楽を学習したにも関わらず，ピアノひとつ弾けない，作曲ひとつできない。だから児童・生徒，教師ともに報われぬ努力はやめて，厳格な希望者選択制として意欲と適性のある者に徹底的な音楽教育を施し，国民の5％程度でよいから，将来世界的に活躍できる演奏家や作曲家を育成すべきである」というような批判は聞いたことがありません。また，仮にこのような批判や試案が出れば，音楽教師たちは一致団結して論陣を張り批判に反論することでしょう。

　「学校音楽教育は，単に技能の習得のみを目的として行っているのではない。音楽に触れることを通して子どもたちの情操を養い，合唱や合奏を通して仲間

と協力，協調することの大切さと喜びを体験させ，世界の音楽に触れることを通して，異なる文化・伝統や価値に触れるなど，子どもたちの人間形成に資する，他では代用の効かない重要な教育的役割を担っているのだ。もし，公教育から「音楽」をなくせば，将来，何かが欠けた日本人が生まれるだろう。その責任を取る覚悟があるなら，やってみろ！」

　音楽には素人の筆者の推測に過ぎませんが，このくらいのことは言うのではないかと思うのです。学校教育は，つまるところ「人間形成」です。学習指導要領の目標でも，「人間性（の涵養）」が育成すべき「資質・能力の三つの柱」（第1章3（3），p. 10）の「トリ」に置かれています。どの教科も，教科それ自体の内容（学び，身につけさせる知識や技能）とともに，教科の学習を通じて伝え，身につけさせるべきものがあるはずですし，なくてはなりません。これすなわち，学校教育における教科教育観（第5章2，p. 152の図を参照）なのですが，日本の英語教育は他教科に比べて歴史が浅いせいもあってか，英語教師はこの点が弱い。だから，いつもサンドバッグのように「袋だたき」に合うばかりで，反論すらできぬまま自信を喪失して萎縮するか，「批判など聞く耳持たぬ！」と居直るかしかないのです。

- 英語の授業を通して，どのような生徒を育成したいのか。
- 英語の授業を通して，生徒に育成したい「態度」とは何か。

　これらの問いには模範解答はありません。教育者として自ら問い続け，その答えを追い続けるべき学校教育の究極のテーマなのです。

4　関心・意欲・態度について考える

（1）関心・意欲・態度の階層と指導

　「コミュニケーションへの関心・意欲・態度」は，旧観点別学習状況の4つの評価観点の筆頭に登場していた，指導を通して高め形成すべき重要な資質です。教育用語としての「関心・意欲・態度」は3つまとめてセットフレーズの

ように使われることがよくありますが，その一つひとつはレベルの異なるもので，これら3つが同時に形成されるものではありません。三者の間には「関心＜意欲＜態度」という階層があると思います。

　小学生や中学1年生では，「関心」（interest）の前段階として，「英語の勉強って楽しそうだ」，「英語の音っておもしろいな」，「英語の歌をじょうずに歌ってみたい」，「英語が話せたらカッコいい」などといった「興味」，「好奇心」（curiosity）を抱かせることからスタートします。そして，楽しみながら授業に参加する中で，より知的で内容の深い積極的「関心」へと生徒の意識を高めてゆきます。平泉試案の英語教育批判で述べられていたような，「授業＝文法説明＋ドリル＋和訳」，「英語学習＝膨大な暗記の記号体系」という「なってはいない教授法」による授業を受けさせられれば，入門期に生徒たちの多くが抱いている英語学習への新鮮な興味・好奇心，コミュニケーション能力に対するS_1・S_2のような憧れ（第1章1，p.4）も，「関心」にまで高まることなく早々に消滅してしまい，「英語嫌い，落ちこぼし量産体制」に入ってしまいます。

　授業では，入門期の早い段階から生徒が自己表現をしたり，情報交換をしたりするなど目的を持って英語を運用できるタスクを与え，与えられた課題をやり遂げることによって，「英語を使って，今日はこんなことができるようになった！」という，成功体験から生じる「成就感・達成感」とともに感じる「積極的不満足感」は，次に与えられる課題にももっと頑張って取り組もうとする強い「意欲」を生み出します。第3章5（2）の活動後の生徒の感想（pp. 120-122）を再度参照してみてください。

　生徒の興味，知的関心のレベルもその精神年齢に応じて上がるのは当然です。与えるタスクや題材も内容的高まりがなければ，せっかく培ってきた「意欲」も減退してしまいます。どのような内容，どのような活動を与えるかが意欲の呼び起こしとその維持にきわめて重要です。このような点に配慮し，生徒たちに対する絶え間ない「意欲づけ」をある一定期間行うことができれば，生徒たちは外的刺激に左右されるのではなく，内発的動機づけ（integrated motivation）を持って英語の学習や運用に常に積極的に取り組むようになります。この時点で，その生徒は積極的な「態度」を形成したといえ，その積極性がさらに，自ら工夫して計画的に取り組む「主体性」へと高まります。

　生徒たちの英語学習やコミュニケーションへの動機づけを高め，主体的態度の育成を図るには，次のような体験をさせてあげることです。ポイントは，やりがいのあるチャレンジングな課題を，レディネスを踏まえた計画的な指導で，生徒たちに成功体験を与えてあげること。成功体験から生じる自己への不満足感は前向きで積極的です。これが学習意欲を高め，主体的態度を形成します。

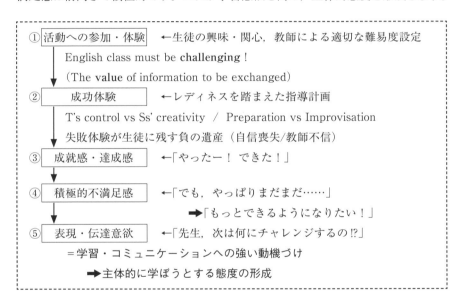

①[活動への参加・体験]　←生徒の興味・関心，教師による適切な難易度設定
　　　　English class must be **challenging**！
　　　　（The **value** of information to be exchanged）
②　[成功体験]　　　←レディネスを踏まえた指導計画
　　　　T's control vs Ss' creativity　／　Preparation vs Improvisation
　　　　失敗体験が生徒に残す負の遺産（自信喪失/教師不信）
③　[成就感・達成感]　←「やったー！ できた！」
④　[積極的不満足感]　←「でも，やっぱりまだまだ……」
　　　　　　　　　　　➡「もっとできるようになりたい！」
⑤　[表現・伝達意欲]　←「先生，次は何にチャレンジするの!?」
　　　　＝学習・コミュニケーションへの強い動機づけ
　　　　➡主体的に学ぼうとする態度の形成

（2）生徒に育成したい「態度」とは

　生徒の興味・関心を高め，意欲づけを行うためのアイデアを考えることは大切ですが，それは「望ましい態度」を身につけさせるための手段であって，それ自体が目的ではありません。私たちは生徒に「どのような態度」を形成させたいのでしょうか。第5章でも述べた通り，それが3年間で到達させるべきひとつの長期的な指導目標，教育理念となります。第5章2でも述べたように

各学年・学期の到達目標，各授業の目標も，さらには各指導過程での指導や活動もそこから生まれてくるのです。

　みなさんが生徒に育成したい態度とは，どのようなものですか。次の2点について，この機会に考えてみてください。

---

　① 英語学習に対する望ましい態度とは？
　② コミュニケーションに対する望ましい態度とは？

　教育理念に関わるこのような問いには，正解や覚えるべき模範解答などありません。一人ひとりの教師が，試行錯誤の中に絶えず考えを修正しながら考え，求め続けることに意義があるのです。

①「英語学習に対する望ましい態度」

　2002年度（平成14年度）以降，「観点別学習状況」が3つの評価の基本として重視され，「評定」も絶対評価で行うこととなって以来（第1章4 (1)，p. 21），私が知人を通じて調べた結果，多くの中学校で通知票に5，4，3，2，1の「評定」のほかに，旧指導要領下での4つの観点の絶対評価（A，B，C）を記入する欄が設けられるようになりました。そして，手間のかかる文章表記の「所見」に代えて，4つの観点について具体的項目が列記され，特によいと思われる項目に○印を付ける様式が数多く見られました。（○印を書き入れる欄の上に「所見」と記されている通知票が実際にいくつもありました。）

　そのような通知票の「関心・意欲・態度」の項に，「私語が多い」，「集中力に欠けている」，「宿題等，忘れ物が多い」などの具体的項目を見て驚きました。生徒の「よいところ」を言葉で記述する「所見」の代用とするなら，このようなマイナス評価でなく，せめて「授業に集中して取り組む」，「家庭学習の習慣がついている」など，プラス評価の言葉にしていただきたいものです。ともあれ，これらは「英語」という特定の教科の学習に対する望ましい態度ではなく，全教科に通ずる生活習慣，学習態度という「生徒指導上の観点」です。宿題を提出しない生徒は，特定の教科に限らず，どの教科でも提出しないのが

通例です。仮にそれが，英語という自分の教科のみに見られる現象であるとするならば，その原因は指導者たる教師自身に求めなければならないことになります。

「宿題をよく忘れ，態度がなっていない。」—果たして，やる気が起こる課題を与えてきたでしょうか，だれもが独力でできるだけの十分な指導のうえに課題を与えてきたでしょうか，他教科のことも考えずに過重な家庭学習の負担を背負わせてこなかったでしょうか。「意欲づけあっての態度の形成」ということを忘れないようにしたいものです。

コミュニケーションに対する関心の高い生徒がいたとしましょう。先に述べた「文法説明＋ドリル＋和訳」が定番の授業（故・平泉氏いわく「なっていない教授法」）をする担当の英語の先生に，「聞く力，話す力もつく授業をしてください！」と直訴に及んだとすればどうでしょうか。もちろん，ものの言い方や，その生徒と教師との人間関係も多分に影響しますが，下手をすると，「教師に向かって何を生意気な！」と一喝され，コミュニケーションへの関心と意欲，積極的態度を有するその生徒は，目上の者に対する長幼の序，師弟の礼をわきまえない態度が悪い生徒という烙印を押されるかもしれません。

「生活態度」や「授業態度」はもちろん大切で，保護者や教師が子どもたちに指導すべき事柄です。しかし，これらと「英語学習の中で培うべき態度」を混同してはならず，ましてや，すり替えてはいけません。現時点で筆者の考える「英語学習に対する」望ましい態度とは，次のようなものです。

> 英語（および他の外国語）に関心を持ち，主体的に学習に参加する中から自己の英語力を高める学習方法を身につけ，機会があれば，その学習体験を生涯学習に生かそうとする。

②「コミュニケーションに対する望ましい態度」

学習指導要領では，言語の使用場面と働きを重視した指導（第4章2，p. 125）が求められています。道を尋ねる，電話をかける，依頼する，謝罪する，などといった場面や機能に応じた「伝達構造や表現方法」を指導し，"how to communicate"を身につけさせることは大切です。しかし，それはコミュニケーションの一方の柱ではありますが，すべてではありません。いくら有用な表現方法を習得したとしても，「その構造に乗せて，何を伝え，どのような情報を求めるのか」，そもそも伝えるべき情報や，知りたいと関心を抱く話題があるのかどうか，伝達し合うものへの関心やその内容を広げてあげる指導が不可欠です。すなわち，"what to communicate"を広げる指導です。

- How to communicate（表現方法・伝達構造）
- What to communicate（伝達内容）

　この2つはコミュニケーションの両輪であり，この両方を育成するのが，学校英語教育でなすべきことで，単なる道案内の表現，電話の表現，買い物の表現など，場面別の英会話の決まり文句をリスト的に教えるだけでは実践的能力は身につかず，学校教育としての存在価値も問われます。また，そのようなテキストは学校英語教育の教科書としてはまったく不適切です。「コミュニケーション＝技能の伝授」という一方の側面だけに目を奪われると公教育としての外国語教育の意義を見失いかねません。

　筆者が現時点で考える生徒に育成したい「コミュニケーションへの望ましい態度」を簡潔にまとめてみると次のようになります。

> さまざまな題材に接し，いろいろな活動を体験する中から，自他の違いを知ったうえで，互いの価値を認め合おうとする態度を持ち，そのために積極的に「言葉」を使おうとする。

　「さまざまな題材に接する」ことができるように優れた題材を精選し提供するのは，主として教科書著者と教科書出版社の責任です。ただし，その題材をどのような観点からとらえ，切り込み，深め，料理するかは現場教師の責任で，予習を前提に順次日本語に訳すだけが能ではありません。「教科書を教える」とともに「教科書で教える」創造的な技量（2章5（7），p. 76）がプロの教師には当然必要です。近年の文科省検定済教科書は，叙述文に対して対話文の比率が以前より増えている傾向が見られますが，「コミュニケーション重視

の題材＝対話文」と考えるのはあまりにも短絡的です。良い教材は先に述べた通り，"how to communicate" を習得させ，"what to communicate" を開拓し得るものです。

　「さまざまな活動を体験させる」べく生徒の興味・関心と英語力のレベルに合った活動を提供するのは基本的には現場教師の責任です。教科書にもさまざまなタスクが掲載されていますが，万人向けのタスクはどうしても「帯に短し，襷に長し」で，それらもヒントにして教師自身が自分の生徒に合った活動を考案して提供するのが一番です（2章5（5），p. 61）。

　このようにさまざまな題材の学習を通じて "what to communicate" を広げる（視野や話題の拡大・変容）とともに，"how to communicate" を実際の活動を通じて使いながら身につけさせていくこと（技能の習得・変容）が大切です。そして，学校教育として同様に，または，それ以上に大切なことは，そこから，

- どのような態度を身につけ
- その知識や技能を何の目的で使おうとするのか

という「態度の育成・変容」という視点，これは言い換えれば，「人間性の涵養」ということです。前ページの枠で囲った望ましい態度の後段—「自他の違いを知ったうえで，互いの価値を認め合おうとする態度」を養うことが大切だと考えます。

　国際理解の第一歩は，まず，自分と他人は同じではあり得ないと，その違いを認めることから始まります。そして，自分やみんなと違うからといって排斥して仲間はずれ（はみ子）にするのではなく，違うからこそおもしろい，違うからこそ学び合え，伝え合うものがあるのだということを，体験を通じて感じさせたいものです。異文化の違いのみをことさらに強調することは国際理解や協調，交流へとはつながりません。異なるところもあるが，喜怒哀楽の感情など人間として同じところの方が多いのだということを知ったうえで，互いの違いを認め，尊重し合う態度を育成したい。これはなにも外国人に限った話ではありません。子どもたち同士の間でも同じことです。子どもの言葉に直せば，

「いろいろな人の自分に無いところを見つけて，お互いに学び伸ばし合える友だちになろうよ」という，広い心を持った子どもたちを育てたいのです。

これは，英語科に限らず社会科や道徳などの目標ともなり得ることでしょう。しかし，最後の「そのために積極的に"言葉"を使おうとする」という部分が言語を扱う外国語教育が担う部分となります。核家族に加えて少子化が進む中，日本の子どもたちの間では，「いじめ」，「不登校」，「自殺」，「非行の低年齢化」など，さまざまな問題が生じています。これらの問題を自ら解決する力を持った子どもたちを育てるためにも，相互理解，交流，共生，問題解決のために「言葉」を積極的に使ってコミュニケーションを図ろうとする態度（および，それをかなえるコミュニケーション能力）の育成は必要かつ国家的急務であると考えます。

5　外国語（英語）教育の目的

(1) ある差別発言から

「朝鮮人は朝鮮に帰れ―同僚に教諭発言」

これは，1994年10月の日本経済新聞に掲載された記事の見出しです。大阪府下のある定時制高等学校で，日本人英語教諭A氏が，同校でハングルを教えている日本に帰化した在日朝鮮人教諭B氏に対して発言したということです。A教諭が時間途中で授業を打ち切ったため，生徒が授業中のB教諭の教室に冷やかし半分に入り込みました。後日B教諭が「授業がやりにくいので最後まで授業をしてほしい」と申し入れたところ，腹を立てたA教諭が「おまえら朝鮮人に言われる筋合いはない。朝鮮人は朝鮮に帰れ」などとなじったというのが事の経緯です。教育者として決して看過できない差別発言ですが，それを言ったのがだれあろう「外国語（英語）」の教師であるという事実が筆者には衝撃でした。

（2）英語の授業を通じて何を教えるのか？

　日本人は，その島国という地理的環境，徳川幕藩体制における二百数十年にも及ぶ鎖国政策，農耕民族特有の「村意識」などから，伝統的に「異なるもの」，例えば，異なる人種・民族，異なる文化・習慣・考え方などに対して，概して排他的であり，均質であることを是とする国民性があるようです。世界の数多くの多民族国家や日常的に他民族との交流や争いを経験してきた諸外国とは異なり，わが国では「言葉による伝達」を軽視する伝統が培われてきました。「言葉」による伝達よりも，昔から「目」や「心」を通した伝達が美徳とされてきたのです。「以心伝心」，「沈黙は金」，「目は口ほどにものを言う」，「言多きは品少なし」から，「俺の目を見ろ，なんにも言うな」という歌の文句，「男は黙って○○ビール」という CM に至るまで，例をあげれば枚挙に暇がありません。しかし，このような「以心伝心文化」が現在のグローバル社会の中で国際的に通用するとは限りません。"In the beginning was the Word, and the Word was with God, and the Word was God."（「はじめに言葉ありき，言葉は神とともにあり，言葉は神なり」，『新約聖書』ヨハネによる福音書 1 章 1 節より）に見られるように，言葉をもって論理的に相手を説得し理解し合う文化，言葉をもって契約を交わす文化もあること，"I love you." と口に出して言うことが愛の証しそのものである文化もあることを知らなくてはなりません。

　言語は人間の思考を表出するものです。ここに述べたようなことを「こうなのですよ」と説明するに留まらず，外国語の構造・表現形式・論理の展開などからそれを学び，感じることが大切です。世界には，さまざまな人種・民族がいて，およそ 7,000 ともいわれる多くの言語が使われ，その一つひとつが異なる文化・習慣をその背景に持っています。多くの日本人にとって何の疑いの余地もなく当たり前のことが当たり前でない社会もあるのです。しかし，言語や文化は違えども，人間として同じ喜怒哀楽の感情を持ち，体内には温かな血が流れています。そんなこと，当たり前のことだと子どもたちだって言うでしょ

う。ですが，教育の力をもってすれば，「夷人斬るべし」，「鬼畜米英！」とほとんど全国民に叫ばせ得たことは，近世の歴史が証明するところです。「そんなの幕末や戦時中の昔の話じゃないか」と言えるでしょうか。現在も，「ヘイト・スピーチ」やネットでの誹謗中傷が社会的な問題となり，国際間ばかりではなく，国民の分断を生む原因となっています。

　どの言語，文化・習慣も，人々の脈々たる生活の営みの中から作り出されてきたもので，等しく大切なものである。どの言語も等しく美しく，どの文化・習慣にも優劣はないことを子どもたちに伝え，自ら体感させたい。外国語教育を通して，異文化理解，国際理解の心を育みたい。しかし，異文化は外国のみに存在するのではありません。アイヌの人々，在日外国人など内なる異文化にも目を向ける感性を持った人間を，さらには，隣の席の友だちであっても，異なるひとりの人間であることを認めることのできる子どもたちをつくり，将来，異文化理解，国際理解に立って，さまざまな人々と自然体で異文化・国際交流を進め，共生できる日本人を育成するためにも，「学校英語教育」こそが公教育において担うべき大切な役割があるはずです。

　「獲得した知識・技能を何のために使う人間を育成するのか」―これは教育において最も重要な視点です。流暢な英語を使って，人をだまし，ヘイト・スピーチをすることもできます。そういう人間を間違っても育てないことが我々の使命です。人を傷つける「言刃」ではなく，人と人との絆を結ぶあたたかな「言の葉」を子どもたちに教えたいものです。外国語教育は，学校教育になくてはならない大切な国際理解教育，人権教育，そして平和教育でもあると思います。だからこそ，義務教育の小学校から行う価値があるのです。

(3) 私の宝物

　本章では，学校英語教育の目的という実に大きな問題について考えてきました。答えのないテーマではありますが，考え続けることに意義があります。なぜなら，それによって，授業づくりが決まるからです。

　次に私が中学校教員として最後に3年間受け持って指導したある生徒の卒業

前の感想文を掲載させていただきます。「S.D.D.」というのは，"Speech, Discussion, and Debating" の略で，第3学年の後期に週1回2時間連続で実施した選択授業の名称です。この授業は，日本語使用禁止，課題として毎時間スピーチを課し，それについてディスカッションするとともに，身近なテーマを選んでディベートを行うというクラスで，全体オリエンテーションの際，必修の授業とは違って相当厳しく鍛えることを宣言したので，あえて選んでくれた「もの好き」はたった7名という少数精鋭でした。

　次ページに掲載する感想文を書いてくれた生徒は，私の英語教育の理念，授業を通じて伝えたかったことを最もよく理解し，感じ取ってくれた生徒のひとりです。とりわけ次の文言は私にとって教師冥利に尽きる思いの言葉でした。

- 自分の意見を言うことってなんて楽しいんだろう！
- コミュニケーション手段としての英語をこれからも大切にしたいし，コミュニケーションの内容を高めるためにも人間の中身を磨いていきたい。たくさんの物や人に出会って。
- 一生つきあっていく「コミュニケーション」。一人では生きていけない人間にとって，必要不可欠である。私は自分が人生を楽しむためにこの「コミュニケーション」を磨いていきたい。
- 人間はおもしろい。たくさんの人に会って，いろんなことを話したい。それができる人間になりたい。

　中学2年生の頃には通訳になりたいと言っていた彼女ですが，現在は二男一女のお母さんとなり，東京にある国際協力銀行（JBIC：Japan Bank of International Cooperation）に勤務して，発展途上国援助の仕事に携わって活躍しています。

S.D.D. 受講の感想

　　S.D.Dの授業を終えた今、充実感を感じる。すべてにおいて満足できたかといえば、決してそうではない。やりたかったことはたくさんある。（もう1回ディベートがしたかった）でも私は達成感を得ることができた。特にWriting能力がのびたような気がする。スピーチの原稿も初めはノート半ページで約3時間かかっていたが、最後立論を書く時は1時間ほどでできた。自分の言いたいことがある程度はっきりしてきたら、それを思った通り自分の能力の範囲（文法、語い）でスラスラ書けるようになってきた。Speakingについても同じようなことがいえる。

　　そして授業を通じて私が1番強く思ったことは、「自分の意見を言うことってなんて楽しいんだろう！」、ということだ。確かにもどかしさを感じるときもしばしばあったが、楽しさがそれに勝った。自分の主張を言う楽しさ、意見を交換しあう楽しさ、時として相手をやり込める楽しさを凡で感じた。それと同時に言葉の役割を認識した。コミュニケーション手段としての英語をこれからも大切にしたいし、コミュニケーションの内容を高めるためにも人間の中身を磨いていきたい。たくさんの物や人に出会って。

　　1つ春休みから、というより時間的余有ができてきたらやりたいことがある。即席ショートスピーチ。寝る前でいいから、1分間で内容を考えて1分間英語で話す。そして自分の思っていることを英語で少しでもはっきりと話せるようになりたい。また話すことによって自分の意見がより具現化すると思う。それからReadingを鍛えるために、何か洋書を読んでみたい。高校の教科書でもいいかもしれない。とにかく毎日英語に触れたい。異文化に触れたい。

　　一生付き合っていく「コミュニケーション」。1人では生きていけない人間にとって必要不可欠である。私は自分が人生を楽しむためにこの「コミュニケーション」を磨いていきたい。

　　人間はおもしろい。たくさんの人に会って、いろんなことを話したい。それができる人間になりたい。

　本章の最後に，アメリカ合衆国のバラク・オバマ第44代大統領（Barack Hussein Obama II）のスピーチの一部を紹介します。これは，オバマ氏が大統領在職中にある米国のハイスクールの生徒に向けて行ったスピーチの一部です（藤井 2020）。

　Every single one of you has something you're good at. Every single one of you has something to offer. And you have a responsibility to yourself to discover what that is. That's the opportunity an education can provide.

　Maybe you could be a good writer, maybe even good enough to write a book or article in a newspaper, but you might not know until you write for your English class. Maybe you could be an innovator or an inventor, but you might not know it until you do a project for your science class.

　And no matter what you want to do with your life, I guarantee that you'll need an education to do it.

　子どもたちの可能性の芽を育む教育者としての自負と誇りをもって，生徒たちに向き合いたいものです。

第 **7** 章

英語教師の専門性
—若い先生方へのメッセージ—

---

1 教職は "専門職" !?

「教職は専門職である」という言葉がよく見聞きされます。英語に直せば，Teaching is a professional occupation. となりますが，考えてみれば当たり前のことです。みなさんは，「専門職」，「プロ」をどのように定義しますか。

英英辞書の "professional" の定義を見てみましょう。

① Professional means relating a person's work, especially work that requires special training. *His professional career started at Liverpool University.*

② Professional people have jobs that require advanced education or training. *... highly qualified professional people like doctors and engineers.*

③ You use professional to describe people who do a particular thing to earn money rather than as a hobby. *Jack Nicklaus has played in every Major Championship since he turned professional in 1961.*（*COBUILD*）

professional の資格を定義するのは，②と③ですが，その仕事を行うために特別な教育や訓練を受け，それで生計を立てている人ということになります。一方，"amateur"（素人）は，someone who does an activity just for pleasure, not as their job（*LDCE*）と定義されています。大学や大学院で必要な単位を修め，教員免許状を取得し，教えることを生業にしている我々教師は，他人様に教えていただくまでもなく「プロ」に決まっています。なのに，なぜ，わざ

わざ取り立てて「教職は専門職……」と言われるのでしょうか。「医師は専門職である」，「弁護士はプロだ」，「大工は専門家だ」などと声高に言われるのはあまり聞いたことがありません。それはなぜでしょうか。

　逆説的に考える必要がありそうです。これは，社会の教職に対する痛烈な批判や皮肉─「あなたがた，それでも本当にプロなの!?」という多分に ironical な rhetorical question（修辞疑問→「しっかりしてよ！」の意味）とも考えられます。

　次は，社会からの批判というより，「内部批判」といったほうがいいかもしれませんが，ティーム・ティーチングの導入期（混乱期）における，いわゆる "JTE bashing" と呼ばれた，ALT による日本人英語教師批判です。さすがは ALT，率直かつ辛辣な批判です。

There are a small number of "good" teachers (dedicated, professional) and an alarmingly large number of "bad" teachers.

How do I define "bad"?

Someone who:

─ lacks any rapport with students.

─ shows no interest in his/her work and gives no thought to work.

─ says, "I can't" but means "I won't try" or "I can't be bothered."

─ is proud to say "I can't speak English." 　　　　　　　　　　和田（1992）

　英語の native speaker ではあっても，教育については必ずしも専門的教育を受けていない「素人」の ALT に，「"dedicated（使命感を持って職務に専念している）" で "professional" な英語教師はごく一部で，圧倒的多数は "bad" だ」と言われているようでは，あえて，「教職は専門職……（なんでしょ!?）」と皮肉られても仕方ありません。

2　専門職としての教師の特殊性

　それでは，ここで，医師，弁護士，大工など他の専門職と比較して，教師と

いう仕事を考えてみましょう。いずれも先の定義に当てはまるプロの仕事ですが，教師だけは，他の仕事とは異なる特殊性を持っています。その「特殊性」とは何か，考えてみてください。

① 生徒は教師を選べない。

　プロの仕事を評価するひとつの物差しは「客の評価・評判」です。例えば，大工の場合，建てた家屋が4年や5年で傾いたり，台風が来て雨漏りでもしようものなら，もう二度と仕事の依頼は来ません。筆者の中学時代からの親友は水道の配管工の親方をしていますが，同じことを言っていました。教師と同様に免許を要する職である医師の場合にも，その真偽はともかく，ひとたび「ヤブ医者」という評判が立ち，そのレッテルを貼られたら最後，町内の人からさえ敬遠されてしまいます。一方，「名医」と評判の医師なら，遠方から鉄道の定期を買ってでも患者は通院します。

　教師はどうでしょうか。生徒を「客」と見立てることの是非はさておき，同じ専門職でありながら，生徒は教師を選ぶことはできません。基本的に客に選択権がないという点では，教職は極めて特異と言わねばなりません。

② （生徒や保護者，同業の教師にまで）責任を転嫁できてしまう。

　「家屋が傾いたのは，もともと地盤が悪いためであって，そのような土地を購入したあなたの責任だ」と大工が言えるでしょうか。不幸にして亡くなった患者の遺族に「患者さんに回復力がなかったから」，「ご寿命ですな」だけで済ますことができるでしょうか。今の世の中，こんな無責任な居直りは下手をすれば告訴され，プロ生命を絶たれかねません。

　教師はどうでしょうか。授業で居眠りをする生徒や落ち着きのない生徒，宿題をやってこない生徒がいれば，保護者を呼び出して，「生活習慣がなっていません。ご家庭でもっと指導してくださいよ」と親に責任を丸投げにしたり，「もっと集中しなさい」，「意欲を出して積極的に取り組め！」などと生徒を叱ったり，また，「基礎学力がまったくついていない。小学校（中学校，高校）の教師はいったい何を指導していたんだ」と同業者である下の校種の教師に責

任を転嫁したりしても，教師は勤まってしまうのです。授業がうまくいかない，生徒の意欲や学力が高まらないなどの問題に直面したとき，その責任を他人に転嫁することが教師にはできてしまうのです。企業の営業マンなら即クビになるかもしれませんが，教師はこれがゆえに免職になることはありません。

　しかし，これに慣れてしまうと，自分を内省（reflection）することを忘れ，教師としての成長（professional development）がもはや望めなくなってしまいます。これは，教師自身にとっても実に恐ろしいことで，その指導を受ける生徒たちにとっては不幸極まりないことです。

③ **教師に見習い期間なし。経験年数の別なく新任でも一人前。**

　医師にはインターン期間，大工には一本立ちする前に師匠の弟子として働く期間などがあります。その間，先輩や親方の仕事をサポートしながら，さまざまな研修や修行，実地経験を通して，いずれ，ひとり立ちする日をめざし実践的な知識と技能を磨きます。

　教師はどうでしょうか。現在，初任者研修が義務づけられており，学校では先輩教員が指導教官として助言してくれたりしますが，ひとたび教室に入り，単独で生徒の前に立てば，たとえ初任者でも生徒にとっては頼るべきただ一人の「先生」です。正採用の教諭か，臨時任用や非常勤の講師かなどといった教師の身分を生徒は知りません。単独で教室に入り生徒たちの前に立ったその日から，新任でも一人前。日本人教師同士のティーム・ティーチングなど特殊な指導形態を除き，授業に関する限りは教師に見習い期間はありません。

　以上のような教師という仕事の特殊性を考えるとき，我々は他の職種以上にプロとしての自覚と誇り，使命感と責任感を持ち続けなければなりません。「生徒は教師を選べない」これは我々が肝に銘じておくべきことだと思います。

3　英語教師の自己研修

　教育は日進月歩です。中でも，幕末以来，わずか150年余りの歴史しか持た

ないうえに，国の教育行政が一大転換を遂げようとする今日，日本の英語教育
の現場は日々試行錯誤の連続です。実際の場面で状況に応じて活用できる「コ
ミュニケーション能力」を育成するという学習指導要領の目標とは裏腹に，百
年一日のごとく文法訳読のみに終始する授業が今なお生き続けている教科はほ
かには見当たりません。これは「英語教師の特殊性」として，前ページの記述
に追加してもよいでしょう。

　「専門職」としての英語教師に，まず必要なのは次のことです。

> 自分が教わった通りに教えることから脱却すること

　"Why do you teach like that?" という問いに対して，"Because I myself
was taught like this as a student. Are there any other ways?" では，到底プ
ロの答えとはいえません。「私が習った方法」が繰り返すべき最高の方法だと
すれば別ですが（その場合でも，何がよかったのかを専門的に分析理解する必
要があります），動機づけや学習効果の面で問題があってイマイチだと内心思
いながら，あるいは，何も考えず，何の工夫もせずに，自己の経験を再生産す
るだけでは，「専門職」の名に値しません。自分の経験しか頼る術を持たぬ人
を「素人」と呼びます。世界の第二言語習得（SLA：second language acqui-
sition）の研究はまさに日進月歩で，さまざまな理念に基づく数多くの外国語
教授法（approach や method）があります。固定的な授業観から脱却し，常
に新しいものを吸収し，自分の生徒たちへの適用の是非を検討し，よりよいも
のを生徒に還元してこそプロの教育者です。大学で学んだのはわずか4年間。
その先長く続く教員生活で学ぶことははるかに多く，また，多くなければなら
ないはずです。大学で学んだ知識を切り売りしているだけでは，3年たてば教
師は枯れます。「生涯教育」は，日々成長する子どもたちを指導する教師にこ
そ不可欠なのです。

　教師の自己研修には，次の図式にあるように，(1), (2)の2つがあります
（Ellis 1985）。

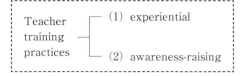

（1）は，要するに実践を積むことです。自分一人教室で実践するに留まらず，第5章5（p.186）でも述べたように研究会などに参加し，自分の実践を報告したりビデオで授業を公開したりするなどして，他の教員とのネットワークを広げ，共有する問題について意見を交換したり実践への助言を求めるなど，自ら主体的によりよい授業を探求する姿勢を持ちたいものです。教職では，

- （a）経験を積むことによって自ずと身につくもの
- （b）自ら求めることによって初めて身につくもの

があります。例えば，授業中の生徒掌握法，問題行動の予見などは，試行錯誤の繰り返しの中から経験により体得されるもので上の（1）に属します。一方，教授法やその背景にある言語習得理論や教育理念に関する専門的な知識・技能などは，自ら求め学ぶことにより初めて獲得されるもので（2）に属します。この種の自己研修が教師のawareness（専門職としての英語教育に対する認識）を高めてくれます。

　（1），（2）の方法は，その両方が必要で，どちらか一方が欠けると教師の研修としては不十分です。すなわち，「理論」と「実践」の融合が必要です。実践なき理論は，趣味（just for pleasure: p.206）に留めるのであれば結構ですが，現場の教育には何ら還元できません。逆に，理論なき実践では，応用が利かず汎用性も発展性もありません。

> 理論から実践を創造するとともに，実践から理論を構築する。

これが，現場教師にとっての自己研修の方向性だと思います。

　「学ぶ」ことは「真似る」ことから始まる，と言われます。ある時期，目標とする教師を見つけて徹底的に模倣することも大切です。そのような先輩教師

を見つけられること自体がその人の努力の賜物であり力です。このとき大切なことは，目標とする教師の指導技術や活動を表面的に模倣するばかりではなく，その実践の裏にある指導理念，教育哲学（teacher's beliefs/principles）を学び取ることです。このようにして，目標とする教師の授業を追実践できるようになれば，そこに自分らしさを加味しつつ改良を加え，最終的には自己の指導理念に基づく自分流の授業の型を築くのです（髙橋 2011：21-22）。

┌─────────────────────────────────────┐
「知る」→「模倣する」→「改良する」→「創造する」
└─────────────────────────────────────┘

　この教師の自己研修の過程は，日本の伝統芸能や武道における「守破離」と同じです。生徒と同じく3年間をひとつの区切りとして意識しながら，ひとたび自分の型が完成したとしても，それに安住せず絶えずよりよい授業を求めて内省を加え，目的意識を持って意図的にその型を崩し，また新たな指導を創造する，この繰り返しが，"experiential training" と "awareness-raising" とを融合する教師の自己研修の場となることでしょう。

　若い先生方には，生徒に与えるだけではなく，生徒を教えるために学び，自分自身が「生徒とともに成長し続ける教師」でいてほしいと願います。

4　心に刻んだ名言集

　本書を締めくくる「まとめ」に代えて，私がこれまでにいろいろな方々から直接聞いたり，書物を通じて間接的に学んだりして感銘を受けた70の名言（読者のみなさんの中には，「どこかで聞いたことがあるぞ」と思われたり，「これってあの先生の口癖だ」と思い当たる言葉もあるかもしれません），また，私自身が試行錯誤の実践を通して体得したこと，教え子たちから学んだことなどを次にまとめて記しておきます。

　本書の中で，すでに述べた言葉もありますが，重複をいとわず再録します。読者のみなさんに贈る言葉として，また，大学で英語教員養成に携わる「現場教師」の自分自身への自戒の意味も込めて。

「心に刻んだ名言集」
―教育者としての「師魂」錬成のために―
髙橋　一幸

1) 教師は，教師になったその日から教師になるための道を歩み始める。

2) プロの教師としてのスタートは，自分が教わった通りに教えることから脱却すること。

3) 教育は，「現場が本場」。

4) 「授業を通じてどんな生徒を育成したいのか」自らに問い続けること。

5) 授業は準備が生命。

6) 「授業準備」とは，「期待」することにあらず。想定外を少なくすること。

7) 「指導の鉄則」は "readiness" を作ること。

8) 授業とは，生徒の中に「質的変容」を生じさせること。

9) 「いっぱい教えた」は教師の自己満足。「一活動一目標」，「一授業一目的」。

10) 黒板は最高の visual aids，「書いたら消すな，消すなら書くな」。

11) 「説明＝インプット」と勘違いすることなかれ。

12) 生徒のアウトプットを引き出す良質なインプットを，さまざまなモードで豊富に与えよう。

13) 与えられたインプットを自分に引き寄せて考え表現したときに「真の学び」が起こる。

14) 教育の原点は，生徒の「気づき」(noticing) にあり。

15) 一方的に教え込む文法説明から，「意味」と「形」と「使い方」(Meaning, Form & Function) への気づきを促す文法指導へ！

16) 本文理解の方法は，対話文と叙述文の変換，サマリー，図表化など，和訳のみにあらず。

17) 理想とする生徒像をイメージし，現在地点とのギャップを見極めよ。

18) Backward design で，「点」として存在する授業を「線」で結び，「面」に拡げる。長期的な指導計画（Macro-level planning）の中で単位授業の指導過程（Micro-level planning）を考えよう。

19) 部活動の名指導者から学べ！

① 長期的な目標を設定し，そこに至る短期目標を与える。

② 納得できる練習方法を指導する。

③「上達した」という手応えを与え，信頼関係を築く。

20) 生徒にとって「楽しい授業」の前提は，教師自身が「授業を楽しむ」こと。

21) 生徒の積極的なアウトプットを促すために，まず教師が共感的な聞き手や読み手になろう。

22) 生徒一人ひとりと「眼」をつなぎ「心」をつなごう。授業そのものが「コミュニケーション」。

23) 読めない（音声化できない）単語や文章は脳内処理できず覚えられない。―意味のわかった英文を自信を持って音読できるようにして帰すのが，英語授業の基本の「き」。

24) Beyond fun and games！　生徒の知的レベルを考慮せよ。

25) Limited English skills does not mean limited thinking ability.

26) 学習も指導も「遊び半分」はダメ。でも「遊び心」は大切。創造性と独創性こそ教師の生命。

27) 基礎からの積み上げ学習と共に「基礎に降りてゆく学び」でコミュニケーション方略を指導する。

28) Let them notice the gap through expressing themselves！　―「言いたい

のに言えない！」と生徒がニーズを感じた時こそ「教え時」。

29）English class must be challenging！

30）達成可能な中で最も難度の高い課題を与える。リスクを共有し協働して取り組む中から生徒と教師の真のラポートが芽生える。

31）成功体験の積み重ねが積極的で主体的な態度を育てる。失敗体験は自信喪失と教師不信を生むのみ。

32）「英語で進める授業」の本質は生徒に英語を使わせること。その導火線として教師が英語を使おう。

33）Learners learn language *for* communication and *through* communication.
　―生徒が英語を使うために学び，使いながら学べる授業をめざせ。

34）「注入的・全体的・拘束的」な授業から「活動的・個性的・創造的」な授業へ。

35）Tell me, and I will forget. Show me, and I may remember. Involve me, and I will learn.　　　　　　　　　―Benjamin Franklin（1706-1790）

36）Our students are not iPods！　―いくら詰め込んでも，人間の容量には限りあり。

37）Education is not filling a bucket, but lighting a fire.

　　　　　　　　　　　　　　　　　―William B. Yeats（1865-1939）

38）生徒は必然性・必要性を感じたとき，意見があるとき，読もう・聞こう・書こう・話そうとする。

39）生徒が自ら学び始める３つの条件は，「楽しい」，「やり方がわかる」，「力がつくことを実感できる」。

40）指導する主な文型・文法事項のそれぞれについて十八番（おはこ）の導入法を持っていなくては，英語教師として飯は食えない。

41) 活動で生徒に委ねるべきことと教師の責任で指導すべきことを峻別せよ。

42)「間違いなんでも通し」=「コミュニカティブな指導」にあらず。

43) 英語教師の最低限のモラルは，ウソを教えないこと。

44) 悩み多きは正常の証し。すべての責任を生徒に転嫁して平気になったら教壇を降りるとき。

45) わずかばかりの知識を切り売りしていると3年たてば教師は枯れる。生徒とともに成長し続ける教師であれ。

46) 教育は人を造るにあり。成長の止まった人間に，人を成長させることはできない。

47) プロの教師としての成長（professional teacher development）は，慣れ親しんだ教え方から脱却し，新たな自分の型を創出すること。教師道は「守破離」の道。

48) 生徒の欲求に半分は応え，半分は譲らず挑戦するのが教育。

49)「教科書を教える」から「教科書で教える」へ。教師の資質は「創造性」（creativity）と「自律性」（autonomy）にあり。

50) 教科書を生かすも殺すも教師次第。本文の土に埋め込まれた「種」を見抜く「眼力」を持て。

51) 教師が守るべきものは「生徒の自尊心」（self-esteem）。教師自身のプライドにあらず。

52) How to communicate（運用のための知識・技能）に加えて，what to communicate（語るべき自己）を育むことが，外国語教育の教育たる所以（ゆえん）。

53) 金八先生はいらない。人生訓を語る大人はあまたいる。教科を通して生き方を教えるのが教師。

54）生徒の「関心」を呼び起こす学習内容と「意欲」を持って取り組める活動を与え，そこからの学びを普段の生活に生かそうとする「態度」を育てよう！

55）さまざまな題材に接し，いろいろな活動を体験する中から，自他の違いを知ったうえで互いの価値を認め合い，その実現のために積極的に「言葉」を使おうとする生徒を育てたい。それができる能力（intercultural communicative competence）を養おう。

56）授業の中で力をつける。教師が指導すべきことを安易に宿題にまわすことなかれ。

57）Input→intake→output を授業の中で！（多くの授業は input のみ。intake は家庭学習任せ，output はテストで⁉）

58）生徒（人間）は，教わっていないこと，訓練していないことはできない。生徒の学力は授業を写す鏡。

59）一人の output が他の生徒の input として機能する授業づくりを！　そこから「集団の教育力」が生まれる。

60）たとえ謙遜のつもりでも「お見せできるような授業ではありませんが……」はプロとして禁句。

61）From "assimilation" to "accommodation." 優れた教師の「理念」を学べ。表層的なモノ真似による失敗は，生徒否定か教師としての自己否定を招く。

62）「うちの生徒には無理」と教師が思ったその瞬間に，生徒たちの持つ可能性の芽は枯れる。

63）教師にとって「困った生徒」は，支援を要する「困っている生徒」。

64）指導あっての評価。評価のための授業にあらず。方法論のみに目を奪われることなかれ。

65) Collaboration not competition!　―地域・学校・教師・生徒間の「競争」から「協働」へ。The principles and practices of market economy are currently being brought far too crudely from business life to education.

66) 偏見・差別・排斥の自民族中心主義から異文化共生へ。外国語教育は学習者にもうひとつの眼を与える平和教育。

67) 「グローバル化に対応する英語教育」の目的は，流暢な英語でヘイトスピーチをする人間をつくらぬこと。

68) 教師が変われば授業が変わる。授業が変わればいつか必ず生徒も変わる。教育とはあきらめぬことと見つけたり。

69) Nothing but education can change the world！　―教育者としての自負と誇りを持とう！

そして，最後に，

70) 「人格なき教育は罪である。」

　　　　―ガンジー（Mahatma Gandhi: 1869-1948）の「7 つの罪」より

　　1. 原則なき政治　　2. 道徳なき商業　　3. 労働なき富

　　4. 人格なき教育　　5. 人間性なき科学　　6. 良心なき快楽

　　7. 犠牲なき信仰

参 考 文 献

石田雅近・神保尚武・久村研・酒井志延（編著）（2011）『英語教師の成長—求められる専門性』（英語教育学大系/大学英語教育学会監修，第 7 巻）大修館書店

和泉伸一（2009）『「フォーカス・オン・フォーム」を取り入れた新しい英語教育』大修館書店

英語授業研究学会（2001‐3）「生徒と教師のための授業研究—生徒が目を輝かせて取り組む授業づくりをめざして [1]〜[24]」『英語教育』第 50 巻第 1 号〜第 51 巻第 12 号

近江　誠（1984）『オーラル・インタープリテーション入門—英語の深い読みと表現の指導』大修館書店

大谷泰照ほか（編著）（2004a）『世界の外国語教育政策—日本の外国語教育の再構築にむけて』東信堂

大谷泰照（編著）（2004b）『日本人にとって英語とは何か—異文化理解のあり方を問う』大修館書店

＿＿＿＿＿＿＿（編著）（2010）『EU の言語教育政策』くろしお出版

長　勝彦（1993）「AV 機器を活用した授業」1993 年度『語研 FORUM』語学教育研究所

織田　稔（2000）『ことばの研究と英語教育—教科としての確立を求めて』関西大学出版局

織田　稔・樋口忠彦（編著）（1987）『中学英語の進め方—“使える英語”の指導をめざして』杏文堂

金谷　憲（編著）（2009）『英語授業ハンドブック＜中学校編＞』大修館書店

金田道和（編）（1986）『英語の授業分析』大修館書店

河合忠仁・鄭正雄ほか（2005）『日本の学校英語教育はどこへ行くの？　—英語教育の現状リサーチにもとづいて』松柏社

菅　正隆（2003）「“決定版”こうすれば生徒は必ず英語嫌いになる！—反面教師的に考えてみる」『英語教育』第 52 巻第 1 号，大修館書店

北尾倫彦（2002）『平成 14 年版　観点別学習状況の新評価基準表』図書文化

教育課程審議会（1997）「教育課程の基準の改善の基本方向について（中間まとめ）」

＿＿＿＿＿＿＿（1998）「幼稚園，小学校，中学校，高等学校，盲学校，聾学校及び養護学校の教育課程の基準の改善について（審議のまとめ）」

久保野雅史（2002）「外国語の絶対評価と全国的学力調査—“伝言ゲーム現象”による混乱の中で」『指導と評価』第 48 巻 6 月号，通巻第 569 号，図書文化

＿＿＿＿＿＿＿（2017）「新学習指導要領は中学校英語教育を破壊する」『神奈川大学　心理・教育

研究論集』第 42 号，pp. 25 - 40，神奈川大学教職課程研究

国立教育政策研究所教育課程研究センター（2003）『平成 13 年度　小中学校教育課程実施状況調査報告書　中学校　英語』ぎょうせい

国立教育政策研究所（2006）「特定の課題に関する調査（英語：「話すこと」）調査結果（中学校）」https://www.nier.go.jp

語学教育研究所（編著）（1988）『英語指導技術再検討』大修館書店

佐藤　学（2009）『教師花伝書—専門家として成長するために』小学館

佐野正之（編著）（2000）『アクション・リサーチのすすめ—新しい英語授業研究』大修館書店

＿＿＿＿＿＿（編著）（2005）『はじめてのアクション・リサーチ—英語の授業を改善するために』大修館書店

佐野正之・水落一朗・鈴木龍一（1995）『異文化理解のストラテジー—50 の文化的トピックを視点にして』大修館書店

靜　哲人（2002）『英語テスト作成の達人マニュアル』大修館書店

JASTEC 関西支部　調査研究プロジェクトチーム（2001）「"総合的な学習の時間" における英語学習に関する実態調査—近畿地区内の教育委員会を対象とした質問紙調査に基づいて」『研究紀要』第 20 号，日本児童英語教育学会

＿＿＿＿＿＿（2002）「小学校英語活動に対する中・高英語教員の態度及び意識に関する研究」『研究紀要』第 21 号，日本児童英語教育学会

白畑知彦・冨田祐一・村野井仁・若林茂則（1999）『英語教育用語辞典』大修館書店

ゾルタン・ドルニェイ（著）／米山朝二・関昭典（訳）（2005）『動機づけを高める英語指導ストラテジー 35』大修館書店

高梨庸雄・緑川日出子・和田　稔（1995）『英語コミュニケーションの指導』研究社出版

髙橋一幸（1988）「言語活動を中心に据えた英語指導の実践研究—CLT の中学授業への応用」『大阪教育大学紀要』第Ⅴ部門　第 37 巻第 1 号

＿＿＿＿＿＿（1990）「言語活動を中心に据えた英語指導の実践研究（Ⅱ）—中学第 2 学年におけるコミュニケーション活動の実践」『大阪教育大学紀要』第Ⅴ部門　第 39 巻第 1 号

＿＿＿＿＿＿（1991a）「中学英語の入門期指導—積極的にコミュニケーションを図ろうとする態度を育てるために」『研究集録第 33 集』大阪教育大学附属天王寺中・高等学校

＿＿＿＿＿＿（1991b）「言語活動を中心に据えた英語指導の実践研究（Ⅲ）—創造的・統合的活動としてのスキットの指導」『大阪教育大学紀要』第Ⅴ部門　第 39 巻第 2 号

＿＿＿＿＿＿（1991c）「言語活動を中心に据えた英語指導の実践研究（資料編Ⅰ）」『研究集録第 33 集』大阪教育大学附属天王寺中・高等学校

＿＿＿＿＿＿（1992a）「言語活動を中心に据えた英語指導の実践研究（Ⅳ）—中学第 2 学年におけ

る学習の個別化をめざした創造的活動の試み」『大阪教育大学紀要』第Ⅴ部門　第 40 巻第 2 号

髙橋一幸（1992b）「言語活動を中心に据えた英語指導の実践研究（資料編Ⅱ）」『研究集録第 34 集』大阪教育大学附属天王寺中・高等学校

＿＿＿＿（1993a）「言語活動を中心に据えた英語指導の実践研究（Ⅴ）—中学第 3 学年における学習者の個々の感性や考えを表現させる活動の試み」『大阪教育大学紀要』第Ⅴ部門　第 41 巻第 2 号

＿＿＿＿（1993b）「中学第 3 学年におけるディベイトの実践—オーラル・コミュニケーションへの移行をふまえて」『研究集録第 35 集』大阪教育大学附属天王寺中・高等学校

＿＿＿＿（1993c）「言語活動を中心に据えた英語指導の実践研究（資料編Ⅲ）」『研究集録第 35 集』大阪教育大学附属天王寺中・高等学校

＿＿＿＿（1994—1995），「英語教育時評」『英語教育』43 巻第 1 号—12 号（連載），大修館書店

＿＿＿＿（1995a）「生徒の創造的なオーラル・コミュニケーションを促す活動—ロールプレイ：記者会見からニュース・キャスティングまで」『研究集録第 37 集』大阪教育大学附属天王寺中・高等学校

＿＿＿＿（1995b）「英語教育の今日的課題に対する現場的考察—"コミュニケーション"と"国際理解"をめぐって」『研究集録第 37 集』大阪教育大学附属天王寺中・高等学校

＿＿＿＿（1999），「自分の授業をどう評価するのか—Top-down 方式による授業設計と改善の視点」『英語教育』第 48 巻第 2 号，大修館書店

＿＿＿＿（2000）「授業におけるスキットの効用〔理論編〕」『英語教育通信』第 3 号，教育出版

＿＿＿＿（2001）「リスニングにおける学習者の困難点とその指導法—中学校における Listening for Perception の指導を中心に」『神奈川大学　心理・教育研究論集』第 20 号，神奈川大学外国語学部

＿＿＿＿（2002）「新学習指導要領を踏まえたリスニング指導」隈部直光教授古希記念論集編集委員会（編）『21 世紀の英語教育への提言と指針』，開拓社

＿＿＿＿（2002）「"小学校に英語導入"で日本の英語教育はどうなるか」『英語教育 Fifty』第 51 巻第 3 号，大修館書店

＿＿＿＿（2003）『授業づくりと改善の視点—よりコミュニカティブな授業をめざして』教育出版

＿＿＿＿（2005）『チャンツでノリノリ英語楽習！』（NHK「新基礎英語 1」CD ブック）NHK 出版

＿＿＿＿（2007）「日韓の義務教育における英語教科書の比較研究—小中連携英語教育の将来

像検討のために」『神奈川大学　心理・教育研究論集』第 26 号，神奈川大学教職課程研究室

高橋一幸（2008）「教師を動機づける講習を志向して―教員免許更新制の予備講習報告・神奈川大学」『英語教育』11 月号（第 57 巻 9 号）pp.17-19，大修館書店

高橋一幸・田尻悟郎（2008）『チャンツで楽習！決定版』（NHK「基礎英語」CD ブック）NHK 出版

高橋一幸（2011）『成長する英語教師―プロの教師の「初伝」から「奥伝」まで』大修館書店

＿＿＿＿＿＿（2012）「授業改善はじめの第一歩―自分授業を reflection しよう！」『英語教育』10 月号（第 61 巻 7 号）pp.10-12，大修館書店

＿＿＿＿＿＿（2015）「英語『教育』の原点に立ち返り，誇りをもって取り組もう！」『英語教育』1 月号（第 64 巻 10 号）pp.10-12，大修館書店

竹蓋幸生（1984）『ヒアリングの行動科学』研究社出版

＿＿＿＿＿＿（1989）『ヒアリングの指導システム』研究社出版

田尻悟郎（2009）『（英語）授業改革論』教育出版

田中武夫・田中知聡（2009）『英語教師のための発問テクニック―英語授業を活性化するリーディング指導』大修館書店

田中正道（編著）（1999）『伝達意欲を高めるテストと評価―実践的コミュニケーション能力を育てる授業』教育出版

田辺洋二（1990）『学校英語』筑摩書房

玉井　健（1992）「"follow-up" の聴解力向上に及ぼす効果および "follow-up" 能力と聴解力の関係」STEP BULLETIN. Vol.1, 日本英語検定協会

中央教育審議会教育課程部会・外国語専門部会（2006），「小学校における英語教育について（外国語専門部会における審議の状況）」

中央教育審議会（2008）「幼稚園，小学校，中学校，高等学校及び特別支援学校の学習指導要領等の改善について（答申）」

土屋澄男（2004）『英語コミュニケーションの基礎を作る音読指導』研究社

根岸雅史（2017）『テストが導く英語教育改革－「無責任なテスト」への処方箋』三省堂

八田玄二（2000）『リフレクティブ・アプローチによる英語教師の養成』金星堂

樋口忠彦（編著）（1989）『英語楽習―クイズ・ゲームからコミュニケーション活動まで』中教出版

＿＿＿＿＿＿（編著）（1995）『個性・創造性を引き出す英語授業―英語授業変革のために』研究社出版

＿＿＿＿＿＿（編著）（1996）『英語授業 Q&A―教師の質問 140 に答える』中教出版

樋口忠彦・大城賢・國方太司・髙橋一幸（編著）（2010）『小学校英語教育の展開—よりよい英語活動への提言』研究社

樋口忠彦・金森強・國方太司（編著）（2005）『これからの小学校英語教育—理論と実践』研究社

樋口忠彦・髙橋一幸（編著）（2001）『授業づくりのアイデア—視聴覚教材，チャンツ，ゲーム，パソコンの活用法』教育出版

樋口忠彦・髙橋一幸（編著）（2015）『Q&A 中学英語指導法事典—現場の悩み 152 に答える』教育出版

樋口忠彦（監修）・髙橋一幸（編著者代表）・加賀田哲也・泉惠美子（編著）（2017）『Q&A 小学英語指導法事典—教師の質問 112 に答える』教育出版

樋口忠彦・髙橋一幸・泉惠美子・加賀田哲也・久保野雅史（編著）（2019）『Q&A 高校英語指導法事典—現場の悩み 133 に答える』教育出版

樋口忠彦・緑川日出子・髙橋一幸（編著）（2007）『すぐれた英語授業実践—よりよい授業づくりのために』大修館書店

樋口忠彦・行廣泰三（編著）（2001）『小学校の英語教育—地球市民育成のために』KTC 中央出版

平泉渉・渡部昇一（1975）『英語教育大論争』文藝春秋（1995：同社「文春文庫」より文庫版刊行）

平田和人（2001）「これからの英語授業の課題—評価のあり方を中心に」英語授業研究学会・第 13 回全国大会，講演資料

藤井昌子（2020）「スピーチ」（「南栗だより—あの街　あの空　あの風景」第 101 号，個人発行）

松沢伸二（2002）『英語教師のための新しい評価法』大修館書店

三浦孝・弘山貞夫・中嶋洋一（編著）（2002）『だから英語は教育なんだ—心を育てる英語授業のアプローチ』研究社

緑川日出子（1999）「教師の研修：アクション・リサーチの意義と方法」『英語授業研究学会紀要』第 8 号，英語授業研究学会

村野井仁（2006）『第二言語習得研究から見た効果的な英語学習法・指導法』大修館書店

望月昭彦（1989）「いかにして概要・要点を聞き取るか」『現代英語教育』第 25 巻第 11 号，研究社出版

文部省（1997）「教育課程の基準の改善の基本方向について（中間まとめ）」教育課程審議会

＿＿＿＿＿＿（1998a）「幼稚園，小学校，中学校，高等学校，盲学校，聾学校及び養護学校の教育課程の基準の改善について（審議のまとめ）」教育課程審議会

＿＿＿＿＿＿（1998b）『小学校学習指導要領』大蔵省印刷局

224

文部科学省（1998c）『中学校学習指導要領』大蔵省印刷局

＿＿＿＿＿＿（1999）『高等学校学習指導要領』大蔵省印刷局

＿＿＿＿＿＿（2001）『小学校英語活動実践の手引―Practical Handbook for Elementary School English Activities』開隆堂出版

＿＿＿＿＿＿（2002a）「確かな学力向上のための2002アピール『学びのすすめ』」https://www.mext.go.jp

＿＿＿＿＿＿（2002b）「新しい学習指導要領のねらいの実現に向けて」

＿＿＿＿＿＿（2002c）「『英語が使える日本人』の育成のための戦略構想」

＿＿＿＿＿＿（2002d）「教科書制度の改善について（検討のまとめ）」教科用図書検定調査審議会

＿＿＿＿＿＿（2003a）「『英語が使える日本人』の育成のための行動計画」

＿＿＿＿＿＿（2003b）『「英語が使える日本人」の育成のための英語教員研修ガイドブック』開隆堂出版

＿＿＿＿＿＿（2008a）『小学校学習指導要領』https://www.mext.go.jp

＿＿＿＿＿＿（2008b）『中学校学習指導要領』

＿＿＿＿＿＿（2008c）『小学校学習指導要領解説―外国語活動編』

＿＿＿＿＿＿（2008d）『中学校学習指導要領解説―外国語科編』

＿＿＿＿＿＿（2009a）『高等学校学習指導要領』

＿＿＿＿＿＿（2009b）『高等学校学習指導要領解説―外国語科編』

＿＿＿＿＿＿（2009c）『英語ノート1』，『英語ノート2』教育出版

＿＿＿＿＿＿（2009d）『英語ノート1指導資料』，『英語ノート2指導資料』教育出版

＿＿＿＿＿＿（2009e）『小学校外国語活動研修ガイドブック』旺文社

＿＿＿＿＿＿（2012）『Hi, friends!1』・『Hi, friends!2』東京書籍

＿＿＿＿＿＿（2013）「グローバル化に対応した英語教育改革実施計画」https://www.mext.go.jp

＿＿＿＿＿＿（2015）DVD教材　*Hi, friends! Plus.*

＿＿＿＿＿＿（2016a）「幼稚園，小学校，中学校，高等学校及び特別支援学校の学習指導要領等の改善及び必要な方策等について（答申）」【概要】

＿＿＿＿＿＿（2016b）「次期学習指導要領等に向けたこれまでの審議のまとめ」（第2部）

＿＿＿＿＿＿（2017a）「小学校学習指導要領」

＿＿＿＿＿＿（2017b）「中学校学習指導要領」

＿＿＿＿＿＿（2017c）「小学校学習指導要領解説・外国語活動編」

＿＿＿＿＿＿（2017d）「小学校学習指導要領解説・外国語編」

＿＿＿＿＿＿（2017e）「小学校外国語活動・外国語　研修ガイドブック」

＿＿＿＿＿＿（2018a）「高等学校学習指導要領」

文部科学省（2018b）「高等学校学習指導要領解説　外国語編・英語編」

＿＿＿＿（2018c）「主体的・対話的で深い学びの実現（「アクティブ・ラーニング」の視点からの授業改善）について（イメージ）（案）」

吉田一衛（編）（1984）『英語のリスニング』大修館書店

若林俊輔・根岸雅史（1993）『無責任なテストが「落ちこぼれ」を作る』大修館書店

和田　稔（1992）「国際交流の狭間で Part Ⅱ」『現代英語教育』第 28 巻第 11 号，研究社出版

渡部良典（2002）「評価の基本語彙解説」『英語教育』第 51 巻第 4 号，大修館書店

Barrow, J. (1984) Discussion for Intermediate Students. ELE

Brown, G. and Yule, G. (1983) Teaching the Spoken Language. Cambridge University Press.

Brumfit, C. (1984) Communicative Methodology in Language Teaching: The roles of fluency and accuracy. Cambridge University Press.

Brumfit, C.J. and Johnson, K. (eds.) (1979) The Communicative Approach to Language Teaching. Oxford University Press.

Byrne, D. (1987) Techniques for Classroom Interaction. Longman

Canale, M. and Swain, M. (1980) "Theoretical bases of communicative approaches to second language teaching and testing." Applied Linguistics 1: 1—47.

Corder, S.P. (1981) Error Analysis and Interlanguage. Oxford University Press.

Council of Europe (2001) *Common European Framework of Reference for Languages: Learning, teaching, assessment.* Cambridge University Press.

DFEE & QCA. (1999) The National Curriculum for England: Modern foreign languages. HMSO.

Ellis, R. (1986) "Activities and procedures for teacher training" *ELT Journal.* 40/2. pp.91—99.

Finocchiaro, M and Brumfit, C (1983) The Functional—Notional Approach: From Theory to Practice. Oxford University Press〔織田　稔・萬戸克憲（訳）（1987）『言語活動中心の英語教授法—F-N アプローチの理論と実際』大修館書店〕

Færch, C. and Kasper, G. (eds.) (1983) Strategies in Interlanguage Communication. Longman.

Graham, C. (1979) Jazz Chants for Children. Oxford University Press.

＿＿＿＿（1986）Small Talk. Oxford University Press.

＿＿＿＿（1993）Grammarchants. Oxford University Press.

Harmer, J. (1983) The Practice of English Language Teaching. Longman.

Klippel, F. (1984) Keep Talking: Communicative Fluency Activities for Language Teaching. Cambridge University Press.

Krashen, S.D. and Terrell, T.D. (1983) The Natural Approach: Language Acquisition in the classroom. Pergamon/Alemany.]

Littlewood, W. (1981) Communicative Language Teaching: An Introduction. Cambridge University Press.

Livingstone, C. (1983) Role Play in Language Learning. Longman.

Morrow, K. (1981) "Principles of Communicative Methodology." In Communication in the Classroom. (Johnson, K. and Morrow, K. eds.) Longman.

Morrow, K. ed. (2004) *Insights from the Common European Framework*. Oxford University Press.

Nunan, D. (1989) Designing Tasks for the Communicative Classroom. Cambridge University Press.

OECD (2005) : The Definition and Selection of Key Competencies: Executive Summary. http://www.oecd.org/pisa/3507036.pdf

Palmer, H.E. and Palmer D. (1925) English Through Actions. Kaitakusha.

Richards, J.C. (ed.) (1974) Error Analysis: Perspectives on Second Language Acquisition. Longman.

Richards, J.C. and Lockhart, C. (1994) Reflective Teaching in Second Language Classroom. Cambridge University Press.

Richards, J.C. and Nunan, D. (eds.) (1990) Second Language Teacher Education. Cambridge University Press.

Rivers, W.M. (1987) Interactive Language Teaching. Cambridge University Press.

Ur, P. (1984) Teaching Listening Comprehension. Cambridge University Press.

van Ek, J.A. (1977) The Threshold Level for Modern Language Learning in Schools. Longman. Originally published in 1976. Council of Europe.

Wallace, M.J. (1998) Action Research for Language Teachers. Cambridge University Press.

Widdowson, H.G. (1978) Teaching Language as Communication. Oxford University Press.

Wilkins, D.A. (1978) Notional Syllabuses. Oxford University Press.

キーワード索引

著者紹介

髙橋 一幸（たかはし・かずゆき）

　大阪教育大学卒，大阪教育大学附属天王寺中学校・高等学校教諭を経て，現在，神奈川大学外国語学部英語英文学科・大学院外国語学研究科　教授。専門は英語教育学・教師教育。（財）語学教育研究所より 1992 年度　パーマー賞受賞。2002〜04 年度 NHK ラジオ『新基礎英語 1』講師。英語授業研究学会理事・元会長。日本教育アクションリサーチ・ネットワーク（jeARn）副代表。日本児童英語教育学会（JASTEC）理事。（財）語学教育研究所パーマー賞委員。大学での英語教員養成とともに，全国の小中高の英語教育の研修講師として現職教師教育に携わっている。趣味は居合道（無双直伝英信流・八段）。

　単著に，『授業づくりと改善の視点—よりコミュニカティブな授業をめざして』（教育出版），『成長する英語教師—プロの教師の「初伝」から「奥伝」まで』（大修館書店），『チャンツでノリノリ英語楽習！』（NHK 出版），共編著に『授業づくりのアイデア』（教育出版），『すぐれた英語授業実践』（大修館書店），『小学校英語教育の展開』（研究社），『チャンツで楽習！　決定版』（NHK 出版），『Q&A 中学英語指導法事典』，『Q&A 小学英語指導法事典』，『Q&A 高校英語指導法事典』（教育出版）ほか。

改訂版 授業づくりと改善の視点

小と高とをつなぐ新時代の中学校英語教育

2021年9月16日　第1刷発行

著　者　　髙　橋　一　幸

発行者　　伊　東　千　尋

発行所　　教 育 出 版 株 式 会 社

〒135-0063　東京都江東区有明 3-4-10　TFT ビル西館
電話　03-5579-6725　振替　00190-1-107340

ⓒK. Takahashi 2021
Printed in Japan

印刷　三美印刷
製本　上島製本

落丁・乱丁本はお取替いたします
JASRAC　出 2104389-101

ISBN978-4-316-80498-9　C3037